声と言葉のプロが教える
伝わる話し方

のざき きいこ

秀和システム

例えば、

- 第一印象がマイナス評価だ
- 自分の気持ちを上手に伝えられない
- 大勢の前だとあがってしまう
- 人と思うようにコミュニケーションがとれない
- 会議で発表する機会を活かしきれていない
- 上司に説得力ある説明で認められたい

この本は、そんな思いを抱えているあなたのために書きました。

はじめに

「いい感じ　話してみると　いやな感じ」

これでは、見た目がどんなに良くても、せっかくの出会いのチャンスを失います。

また、第二印象・第三印象がどれほど良くても、第一印象が悪いとつながりませんね。

初めて会った人と一言、二言言葉を交わし、相手にいやな感じと思わせてしまうのはなぜでしょう。

そう、それは「声と言葉の使い方」によるものです。

スピーチ、プレゼンで聞き手を魅了できるのも、声と言葉の使い方次第です。

営業、接客における顧客評価も、声と言葉の使い方によるところが大きいですね。

就職試験で面接が重要視されているのも、声と言葉の使い方を通して、その人の人間性、可能性、個性、コミュニケーション能力を知ろうとするからです。

声と言葉の使い方は、第一印象の決め手です。

日本語が話せて、声が出れば問題ないと思いますか？

声は、ただ単にメッセージを伝えるだけのものではありません。

声は、最大のコミュニケーションツールです。

声は、あなた自身をアピールする自己表現ツールです。

声は、あなたの知性、感性、哲学です。

「でも、ガラガラ声なので、自信ないのですが…」と言いたい方も多いでしょう。

ですが大丈夫です！

アナウンサーやナレーターのような声が、いい声とは限りません。

あなたの思いが相手の心に届き、あなたのメッセージがきちんと相手に伝わる声が、本当の意味で、いい声なのではないでしょうか。

指紋と同様に声にも人それぞれの声紋があるのをご存知ですか？

あなたの声は、あなただけのオンリーワンヴォイスなのです。

太鼓の響きは、お琴の響きとは違います。

ピアノの音色は、ヴィオラの音色とは違います。

あなたの声は、あなただけの独自のものです。

あなた自身の声と、あなたならではの言葉を磨きましょう。

歌に例えるなら、声はメロディー、言葉は歌詞です。歌がメロディーと歌詞からできているように、話し方は声と言葉で構成されています。声と言葉は切っても切れない関係なのです。

話し方の方法論をマスターしても、「聞かせる力」がないと、聞き手を魅了できないのです。

航空会社のグランドホステス時代に、接客サービスで身につけた「好印象を与える話し方」、ナレーター・声優時代に学んだ「声の表現力でメリハリのある話し方」、講師業のキャリアから気づいた「人前で話す話し方」など、話し上手、コミュニケーション上手になるための声と言葉の磨き方をご紹介します。

声と言葉の使い方で、あなたの印象が変わります。

声と言葉は、磨けば磨くほど、洗練されてきます。

声と言葉を味方につけて、あなたを表現しましょう。

声と言葉を磨いて、あなたの個性と魅力度をアップさせましょう。

「いい感じ　話してみても　いい感じ」

の人になるために。

声と言葉を磨いて　自分を変える

声と言葉を磨いて　自分を創る

声と言葉を磨いて　生き方を変える

ひょっとしたら、あなたは声と言葉の使い方で損をしていませんか？

声と言葉の使い方で損をしている人には、こんな共通点があります。

声で損をしている人の3つの共通点

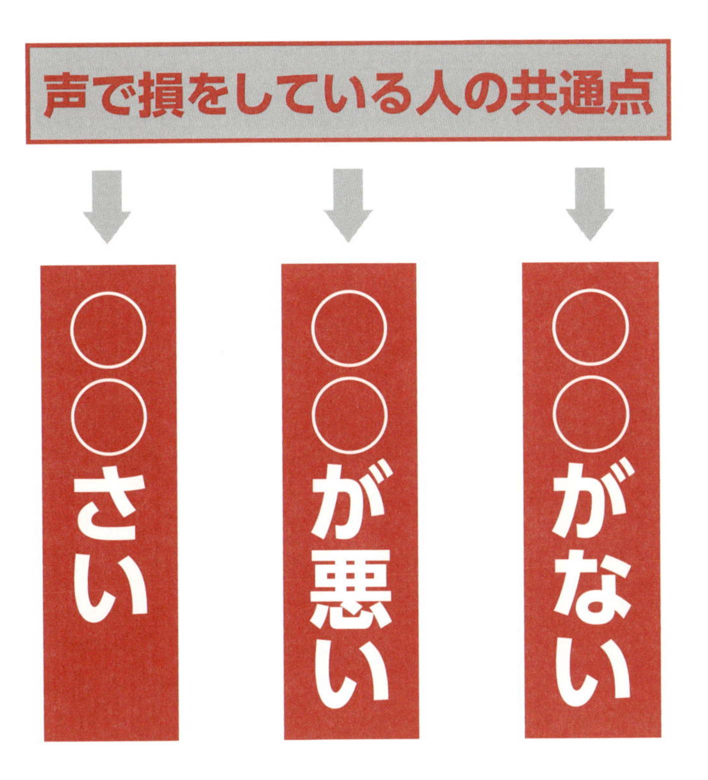

まず、一つ目。声が◯◯さい。

この◯◯の中には、どんな言葉が入るでしょうか？

次の3つの中から選んでください。

①声が「うるさい」　②声が「ださい」　③声が「小さい」

答えは③**「声が小さい」**です。

夢も声も大きいほうがいいですね。

では、二つ目。◯◯が悪い。

この◯◯の中には、どんな言葉が入るでしょうか？

次の3つの中から選んでください。

①性格　②滑舌　③センス

答えは②**「滑舌が悪い」**。いわゆるハギレが悪いです。

性格が悪いのも困りますが、滑舌が悪いのは芳しくありません。

さて、三つ目。声に◯◯がない。

この◯◯の中には、どんな言葉が入るでしょうか？

次の3つの中から選んでください。

①運　②ひらめき　③表情

答えは③**「声に表情がない」**です。

運とひらめきのない人も、声に表情をつけて表現すれば、運が開けてコミュニケーション上手になれます。

メロディーのない音楽がただの信号音のように、声に表情のない話し方は一本調子で、ともすると無愛想な印象を与えてしまいます。

人に説明する際、メリハリのない話し方は「TNT」となり、聞き手に伝わりません。

さて、「TNT」とはなんでしょうか。「TNT（トント）」わかりませんよね。

T ➡ 退屈だから

N ➡ 眠いよ〜

T ➡ つらいよ〜

なんですね。

次ページの2つの文章を比較してみてください。

「ドンチャック物語」声優は今も声の仕事で輝く。のざききいこさん。

今が一番幸せ!　だと心から言える。あのなつかしい「ドンチャック物語」ララ役の声優をしていた、のざききいこ(当時・野崎貴美子)さん。あれからどのくらいの月日が流れたことだろう。あの声は今でも張りがあり健在である。ご本人のお姿は人生経験などを重ねた結果だろうか、ますます光り輝いている。のざきさんは当時と仕事の形態は違うが、長年のナレーター・声優の経験を活かして、現在は事務所内にあるスタジオで、ナレーション録音制作の仕事をしている。「ピ、ピ、ピ、お風呂が沸きました……」という家電製品に組み込まれているあの音声だ。また、カーナビなどで聞こえてくる「この先、右に曲がります」、銀行のATM。私たちの生活周辺には、のざきさんの仕事があふれている。「ここまでくるには並大抵のことではありませんでした」都心を一望できるスタジオ付き高層マンションから外を見て、のざきさんはそう言うのだった。お嬢さん育ちの品格が伺える、明るい表情で今までの人生を振り返りつつ、「今がとても幸せなんです、心から本当にそう思えます」と階下に広がる夜景を、光り輝いた目でみつめて語りだした。のざきさんの人生は、人がうらやむ生活をしたときがあったり、仕事で忙しい日々だったり、その忙しさで体調を崩したりの日々を送ってきた。大変なときがあったことも。でも、それを乗り越え「今が一番美味しいとき」と今までのことを振り返る。高校卒業後、全日空に入社。最初の職業はグランドホステスだった。グランドホステスといえば、今でも女性の憧れの花形職業だ。明朗活発で社交家ののざきさんのこと、仕事は性にあっていたようだ。当時、女性に今の時代のような社会進出できる場所は、そう多くはなかった。男女雇用機会均等法もない時代、仕事は楽しかったが、グランドホステスで年齢を経てある程度の時間が経てば、会社の事務などの仕事に就く以外に手立てはなかった。「男女差のある縦割り社会、組織の圧力や矛盾の中」で、次第に、「先の見えているこの仕事は長く続けられない。もっと自分の人生を賭けるにふさ

ドンチャック物語

声優は今も声の仕事で輝く

のざき　きいこさん

今が一番幸せ! だと心から言える

あのなつかしい「ドンチャック物語」ララ役の声優をしていた、のざききいこ(当時・野崎貴美子)さん。あれからどのくらいの月日が流れたことだろう。

あの声は今でも張りがあり健在である。ご本人のお姿は人生経験などを重ねた結果だろうか、ますます光り輝いている。

のざきさんは当時と仕事の形態は違うが、長年のナレーター・声優の経験を活かして、現在は事務所内にあるスタジオで、ナレーション録音制作の仕事をしている。

「ピ、ピ、ピ、お風呂が沸きました……」という家電製品に組み込まれているあの音声だ。また、カーナビなどで聞こえてくる「この先、右に曲がります」、銀行のATM。私たちの生活周辺には、のざきさんの仕事があふれている。

「ここまでくるには並大抵のことではありませんでした」

都心を一望できるスタジオ付き高層マンションから外を見て、のざきさんはそう言うのだった。

前ページは私のインタビュー記事ですが、実は、左の文章も右の文章も、写真以外は同じ内容が書かれています。

左手の文章は契約文や約款などでよく見られる、いわゆるTNTの文章スタイルです。一見して読む気をなくします。

それに比べ右手の文章は、見出しが目立つように強調され、字体もそれぞれに変化をもたせ、色づけされたり枠がついていたり、写真もついているなどと、メリハリがあり、一見してわかりやすいですね。

それでは問題です。

Q1：前ページの右手の文章のように文字表現で使われる、見出しの大きな字、色づけや字体の違いなどのメリハリを、声で表現するにはどのようにしたらよいでしょうか？

Q2：プレゼン・スピーチで、これだけは伝えたい！という「キーワード」はどのように表現したら効果的ですか？

Q3：第一印象を一瞬でアップする超簡単メソッドをご存知ですか？

Q４：下の絵をご覧ください。どちらも赤い水玉模様の傘ですが、上の傘と、下の傘の違いをどのように説明しますか？

赤い水玉模様の傘はどっちかな？

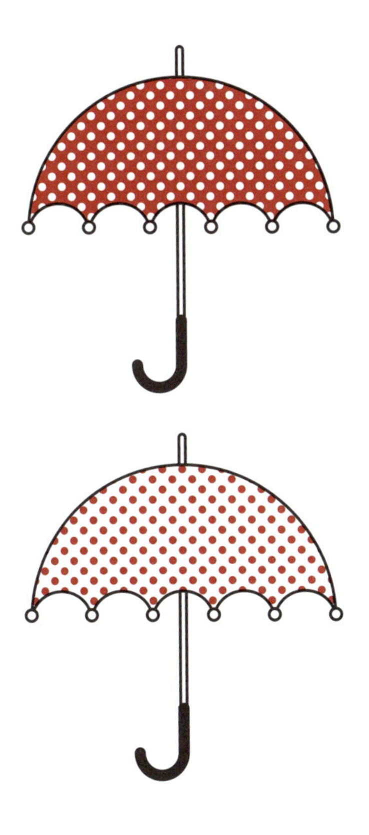

答えを知りたい人は、この本を手にとって　レジにGO！

Contents 目次

第2章

スピーチ・プレゼンに役立つ！人前で話す声と言葉の使い方

第3章

会議や営業先での説明力アップ！ わかりやすく話すための声と言葉の使い方

第4章

面接、営業、サービス業でプラスワン好印象を与える声と言葉の使い方

第5章

相手の心に届けるための コミュニケーション上手の 声と言葉の使い方

第1章

戦略的に使いわける声と言葉の使い方

「7つの声力」で
メリハリトーク

メニューで泣かせる「魔法の声力」!

女優のサラ・ベルナールは、レストランのメニューを読み上げただけで、お客を感動させ泣かせたという有名な伝説があります。

まさに「魔法の声力」です。

同じ言葉でも、声に気持ちを込めることで、相手の心に沁み込み、相手の心を元気にさせます。

同じ言葉でも、声に情熱を込めることで、相手の心に響き、説得力が生まれます。

心がくじけそうになったとき、励ましの言葉の力強い声に、勇気と元気をもらうときがあります。

ボロボロになったとき、優しい言葉の温かい声に癒やされ、心がほどけ、やすらぎを覚えるときがあります。

人に勇気と元気と癒やしを与え、そして人を感動させる声のパワー。

それが、魔法の「声力」です。

また、こんな「声力」もあります。

自分らしく表現できる

文字の場合は、読み手側の主体的な理解力に委ねられ、読み手の知性、感性、あるいはそのときの気分によりイメージが決まり、判断されます。

一方、音声の場合は、話し手側の主体的な働きかけで、話し手の感性、個性をより自分らしく伝えることができ、話し手側の主観で表現できます。

例えば、文字の場合の「すみません」は、一つの言葉として、そこに存在するだけです。しかし、音声にした場合、その「すみません」は、

- こちらの不手際で申し訳ありませんという謝罪の意味合い
- ご親切にありがとうございますという感謝の意味合い

のどちらなのかは、話し手の音色で一瞬にして表現できます。

例えば、店員に値段を尋ね「1万円です」と言われたとき

- 「えっ、1万円!」、安い!　という印象をもったとき
- 「えっ、1万円!」、高い!　という印象をもったとき

のどちらなのかは、同じ言葉でも、話し手の音色、口調で自由に表現できます。

活字と違い、声は動いています。その音色次第で様々に変えられます。そして、

プレゼン、スピーチ、会議などで説明する際、声の伝える力で、商品の認知度が高まる

話し手の熱意、愛、思いやり、真剣さを声にのせることで、共感と感動をリアルに伝えることができる

相手の真意を読み取ることができる

声は、なかなか嘘がつけないものです。

政治家の言葉にはその声の調子から、建て前と本音が見え隠れします。

例えば、やる気のない人と一生懸命の人、親身に対応してくれる人と無愛想な人の違いは、声の調子になって表れます。

言葉では「YES」と言っても、声には「NO」の気分が見えてしまいます。

言葉がいくら丁寧でも、言葉でいくらつじつまを合わせようとしても、心の姿が声に出てきます。

心理描写や情景描写など話し手の声の表現力で聞き手の想像力に働きかけイメージの世界をより豊かなものにする

声の表現力は、詩や物語を朗読したときはもちろん、ス

ピーチなどで手紙や引用文を読み上げたとき、あるいは、ちょっとした小話をスピーチに挟んだとき、感動をより感動的に、喜びをより歓喜に、笑いをエンターテインメントに演出してくれます。

例えば、以前から「オーロラ」に興味があったとします。実際にオーロラを見に北欧を訪れた人が、聞き手の五感を刺激し、イメージを倍増するように体験談を話すことで、「やっぱり、オーロラを見に行きたい！」と、聞き手の期待値が膨らみます。このように、声には声ならではの強みがあります。

Q1：文字表現で使われる、見出しの大きな字、色づけや字体の違いなどのメリハリを、声で表現するにはどのようにしたらいいでしょうか？

A1：声では、文字表現で使われる、見出しの大きな字、色づけや字体の違いなどのメリハリを「7つの表現スキル」で表現します。

2

「7つの表現スキル」でメリハリトーク

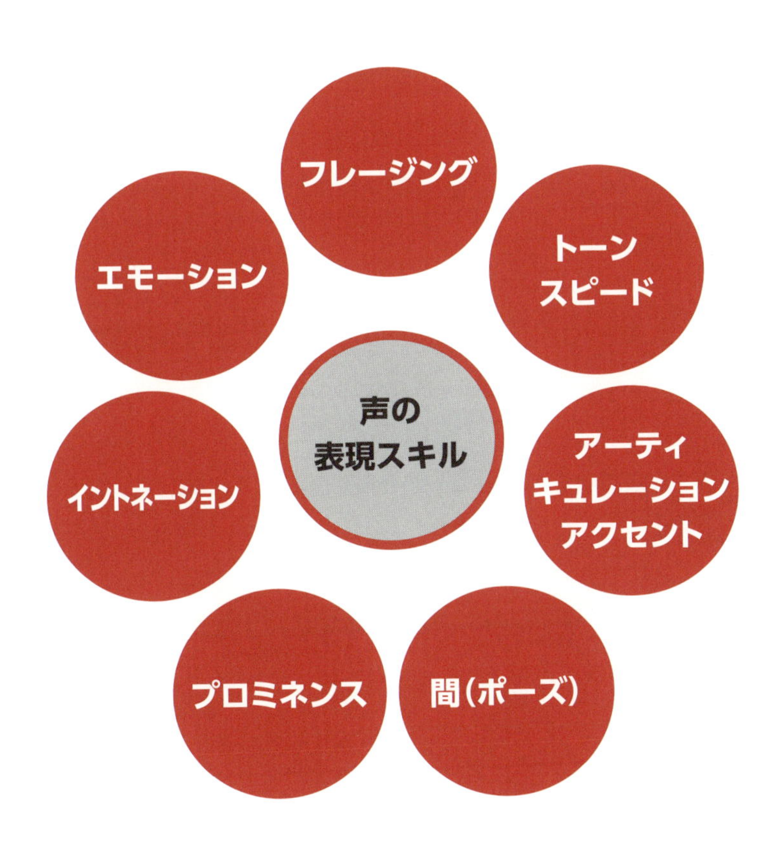

1　意味の違いを避けるため、正しいブレスでフレージング

2　音色の変化を楽しむ、声のトーンとスピード

3　アーティキュレーションとアクセントで聞き取りやすい声づくり

4　話の味は「間」で決まる。間を使いこなせば、話の達人！

5　一番「伝えたいこと」を強調するプロミネンス

6　あなたの声に魅力的な表情を加えるイントネーション

7　言葉に魂をのせることで、相手の心に届くエモーション効果

それでは、ひとつずつ紹介していきます。

表現スキル1

意味の違いを避けるため正しいブレスで「フレージング」

「フレージング」とは、区切り法のことで、言葉の意味をわかりやすく伝えるために、言葉の区切りに気を配ることです。

文章に例えれば、句読点をどこでつけるかで意味合いが変わってくるのと同じように、「フレージング」を間違えると意味合いが変わってしまいます。

「フレージング」は、聞き手にわかりやすく伝えるために、国語でいえば文法のような視点で行う言葉の整理ですから、言葉を発声する前に行う作業です。

声と言葉はワンセットです。どれほどの美声でも、言葉の整理ができていなければ伝わりません。

私の友人に英子さんという人がいます。英子さんは、Yahoo!ニュースの見出しで「損保会社英子会社を売却」と見て、「英子・会社を売却」と理解したそうです。本当は「英・子会社を売却」なのですが、自分の名前が英子だけに、もっともな実話です。このような例は、英子さんだけに限ったことではありません。

Work ―ワーク

さて問題です。

「野崎という先生の友人」

この文章から、先生の名前はなんでしょうか？

先生の名前は、野崎だと思いますか？

それでは、友人の名前はなんでしょうか？

実は、この文章だけですと、言い方次第で、野崎さんは、先生にも、友人にもなれるんですね。

つまり、言い方次第では、野崎さんは本当は先生なのに、友人になってしまったり、本当は友人なのに先生になってしまうという、大変な間違いが起きてしまいます。

下記の「∧」は、フレージングをする箇所の表示です。

友人が野崎さんの場合　→　野崎という∧先生の友人
先生が野崎さんの場合　→　野崎という先生の∧友人

となり、どこで区切って表現するかは、行き違いを防ぐうえでとても大切なことです。

プロのアナウンサー、ナレーターが原稿を読み上げるときに、真っ先に行うのがこの「フレージング」の作業です。なぜなら、間違った「フレージング」で間違った意味合いに伝えると、クレームの元になってしまうので、その重要さがよくわかっているからです。

なぜ「フレージング」が大切なのか

意味合いが違ってしまう

ここで、「はじめに」のQ4、**赤い水玉模様の傘はどちらか？**　の質問に対する回答です。みなさんは上の傘と、下の傘の違いをどのように説明しますか？

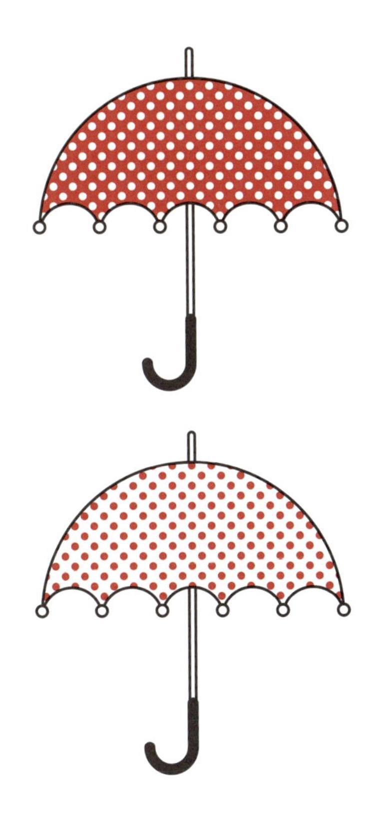

どちらも「赤い水玉模様の傘」ですが、音声にした場合は、明らかに違います。

上の絵の傘は、「赤い∧水玉模様の傘」で、水玉模様の前でのフレージングです。

下の絵の傘は、「赤い水玉模様の∧傘」で、傘の前でのフレージングです。

このように、フレージングの箇所で意味合いが変わってしまいますので、フレージングは重要な役割を果たしています。

不自然なイントネーションになってしまう

文章で表す「フレージング」は句読点ですが、音声で表す「フレージング」は、「ブレス（息継ぎ）」で行います。「ブレス」をすることで、次の言葉が新しく始まります。

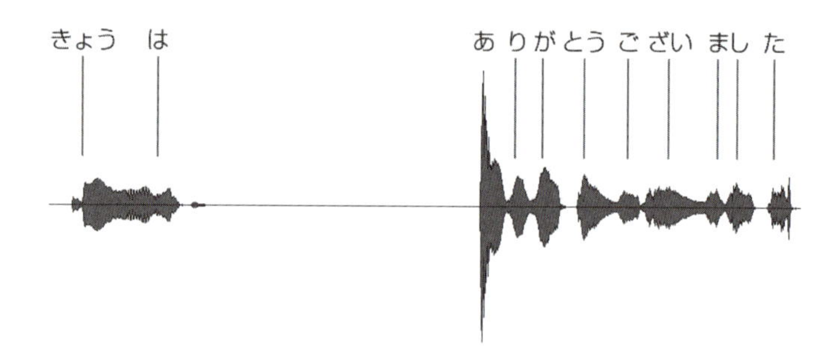

上記は、「きょうは（ブレス）ありがとうございました」の音声を波形にして見える化したものです。ご覧のように、「きょ

うは」のうしろにブレスをとり、「ありがとうございました」を言うと、「あ」の音の音量が他の音よりも俄然大きくなっているのが確認できます。

このように文頭の音は、通常高い音色から始まるので、強調されるのです。

上記の例は、「あ」の音が大きくなることで「ありがとうございます」の言葉が強調され良い効果となっていますが、以下のような場合はいかがでしょうか。

「次は新宿です」。駅の交通案内でよく耳にするフレーズですね。

この文章の場合、通常でしたら「次は∧新宿です」と、「新宿」の前でフレージングすることで、新宿が強調されますが、「次は新宿∧です」と、「です」の前でフレージングしたらどうでしょうか。

「です」の前で息継ぎをして、ブレスをとり、「次は新宿∧です」と、声に出して言ってみればわかります。

一番伝えたい「新宿」の言葉よりも「です」の言葉が強調され、なんともおかしな日本語のイントネーションになってしまいますね。

このように、間違ったフレージングをすると、不自然なイントネーションとなってしまいますので要注意です。

なぜ間違った「フレージング」をしてしまうのか

意味を考えて説明するのではなく、自分の呼吸(息継ぎ)で話してしまうために間違ったフレージングをしてしまうのです。

次のワークで見てみましょう。

Work ―ワーク

「のざきさんは母と父のプレゼントを買いに行った」

Q:のざきさんは、誰のプレゼントを買いに行ったのでしょうか?

父のプレゼントを買いに行った場合は、どのように言いますか?

A:父のプレゼントを買いに行った場合は、

「のざきさんは母と∧父のプレゼントを買いに行った」となり、父の前で軽くブレスをします。

ところが、意味を考えずに自分の呼吸で、

「のざきさんは∧母と父のプレゼントを買いに行った」と、母の前で「ブレス」をしてしまうと、のざきさんは父だけではなく、母のプレゼントも買いに行ったという意味合いになってしまいます。

One Point —ワンポイント

話し言葉と、書き言葉は違います。フレージングをする際、必ずしも書き言葉どおりの句読点にこだわる必要はありません。聞き手にとってわかりやすい伝え方のフレージングを行いましょう。

表現スキル2

音色の変化を楽しむ声の「トーン」と「スピード」

自分の声の高低・強弱・大小・スピードの組み合わせにより、様々な音色を作ることができます。

具体例として「高い声、普通、低い」×「スピードが速い、普通、遅い」の組み合わせだけでも9パターンあります。

その他、そのときの気分や感情、その場の状況、相手との関係性、相手との距離感、話し手の感性と個性の他、様々なニュアンスを加えることで無限の音色が生まれます。

顔の表情と同じように、声にもいろいろな表情があります。声の表情は「音色の変化」で表現できます。

アメリカの心理学者、アルバート・メラビアン博士の「メラビアンの法則」によると、相手の印象を判断する際、全体を100%とした場合、「話の内容」が7%に対し「声の調子、話し方」は38%だということです。

「声の調子、話し方」があなたの印象を決めるのに、いかに重要な要素であるかがわかります。

例えば、音量たっぷりのよく通る声で、音程も自在に堂々とした話し方ですと、自信に満ちた、リーダーとしての貫禄が感じられます。

逆に音量が小さく、音程も低め、ぼそぼそとした話し方ですと、弱々しい感じ。全体的にネガティブなイメージとなります。

声のトーンは、控えめで、抑えた感じながらも、声に自信と安定感があり、相手の理解度に合わせた、ゆっくりとした話し方は、落ち着いた知的なイメージとなります。

逆に声のトーンが高く、強く、速いとヒステリックなイメージとなります。このイメージ、なにかとお騒がせの国、朝鮮中央テレビのアナウンサーの音色がそうです。何故かいつも声高で、早口で、怒っている感じ。まるで口からミサイルが飛び出してきそうな攻撃調です。

ソフトでマイルドの滑らかな流れに、時々シャンパンの泡がはじけるような、プシュッとした音色が心地よいフランス語とは正反対です。共に話の内容はわかりませんが「声の調子、話し方」でその印象は顕著に変わります。

声の調子一つで、今日の上司はいらいらした様子だから距離をおこうとか、今日の上司はハッピーな音色なので、有休申請のチャンスかもしれないなど「声の調子、話し方」は、相手を推し量るバロメーターの一つであり、また自分自身を表現する上でも大切なことです。

TPOで洋服を着替えるように、TPOで声の調子を変えて、自分表現を楽しみましょう。そのためには、自分の声の高低、強弱、大小などを、自在にコントロールできるよう声幅を広げ、自分の声を楽器のように使い分けることができると便利です。

表現スキル3

「アーティキュレーション」と「アクセント」で聞き取りやすい声づくり

「アーティキュレーション」

「アーティキュレーション」とは声の明瞭度のことで、「歯切れ」「滑舌」とも言われています。

滑舌のよい人の話し方は、ご飯で例えるとしゃきっとしていて、一粒一粒がたっています。滑舌の悪い人の話し方は、リゾットのようにぐちゃぐちゃとしてくっついているので、何を言っているのかよく聞き取れずに、聞き違いなども生じてしまいます。また印象的にもだらしのないイメージ、あるいは老けた印象を与えかねません。

「滑舌」という字をよく見てみましょう。舌（した）を滑らかと書いて「滑舌（かつぜつ）」と言います。舌（した）を滑らかにすることは、運動をするときの準備体操と同じです。口のまわりをよく動かしておくと、ハキハキとした話し方ができるようになります。ハキハキと歯切れよく滑舌よく話すためには、一つひとつの音をくっきりと発音することです。

ヴォイストレーニング・ショートエクササイズ

◆身体の力を抜きリラックスしよう

・静かにゆっくり、なが～く息を吐き、身体の中の空気をすべて吐ききる。
・鼻から息を吸い込み、お腹に新しい空気を入れ、ゆっくり、なが～く息を吐く。
・これを3セット以上。

◆フェイスストレッチで、表情筋をほぐそう

グーパーストレッチ

・鼻の中心に目も口も寄せ、
　これ以上小さくならないというまで、
　顔の真ん中にすべてを寄せ集め、グーにする。
　小さく、小さく、な～れ!

・目も口も大きく開け、顔全体をパーにする。
　大きく、大きく、な～れ!

・グーパー・グーパー・グーパーを3セット。

・顔全体をこんにゃく状態にして、
　広げたり、縮めたり、ぐしゃぐしゃにして、
　顔全体をストレッチする。

ワイパーストレッチ

・口角を左右交互に上げる。
　ゆっくり・速くを繰り返す。

グルグルストレッチ

・口の中の歯と唇の間で、舌をグルグル回す。

◆腹式呼吸をしよう

腹式呼吸で大きく	うわぁ～うわぁ～うわぁ～うわぁ～うわぁ～
腹式呼吸で速く	うわっ　うわっ　うわっ　うわっ　うわっ
ハッハッハッハッ	は・ひ・ふ・へ・ほ
ヒッヒッヒッヒッ	ひ・ふ・へ・ほ・は
フッフッフッフッ	ふ・へ・ほ・は・ひ
ヘッヘッヘッヘッ	へ・ほ・は・ひ・ふ
ホッホッホッホッ	ほ・は・ひ・ふ・へ

ヴォイストレーニング・ショートエクササイズは、時間がないとき、毎日のエクササイズに活用してください。本格的なヴォイストレーニングは、付録に掲載しています。

また、鼻濁音・拗音（ようおん）・促音（そくおん）・長母音なども付録で説明していますので参照してください。

One Point —ワンポイント

「サ行」と「ラ行」について

「ら抜き言葉」が話題になりました。本来の「食べられる」が「食べれる」となり、「ら」が抜けてしまう言い方です。

○「食べ**られる**」→　×「食べ**れる**」

また、こんな言い方も気になります。「させていただきます」が正しい言い方ですが、近頃「さしていただきます」という言い方もよく耳にします。

○「**させて**いただきます」→　×「**さして**いただきます」

どうしてこのような言い方が増えてきているのでしょうか。

それは「サ行」と「ラ行」が、他の音よりも発音しにくいためです。「サ行」と「ラ行」が苦手の人は、付録の口の体操で、特にしっかりと練習しましょう。

「アクセント」

方言には方言独特の味わい、アクセントがあり、いいですね。ただ、ビジネスの場では、基本的に標準語が基準となります。

アクセントには、以下の種類があります。

頭高型（アタマダカガタあるいはカシラダカガタとも言います）

嵐　「アラシ」　第一音節が高く、その後に音が下がる語

平板型（ヘイバンガタ）

案山子　「カカシ」　音が同じ高さのままで、音に高低がない語

中高型（ナカダカガタ）

お菓子　「オカシ」　語中にある音節の後に音が下がる語

尾高型（オダカガタあるいはシリダカガタ）

話　「ハナシ」　最後に音が下がる語

嵐	アラシ
案山子	カカシ
お菓子	オカシ
話	ハナシ

アクセントは前後にくる言葉で変わってきます。例えば、「話」では、尾高型ですが、話し合い「ハナシアイ」になりますと、平板型に変わります。

One Point ―ワンポイント

アクセントに迷ったら、アクセント辞典を参考にしましょう。
「NHK日本語発音アクセント新辞典」（NHK出版）、「新明解日本語アクセント辞典」（三省堂）他、数社から出版されています。

表現スキル4

話の味は「間」で決まる「間」を使いこなせば話の達人！

「間（ま）」は、声の表現スキルの中でも最たるもので、様々な効果を発揮します。聞き手を魅了できる魔法の「間」法を、いくつか紹介します。

聞き手に期待や興味や不安感を抱かせ関心を引き寄せる

「クイズ$ミリオネア」の番組司会者みのもんたさんの、あの有名な言葉「ファイナルアンサー？」を覚えていますか？

みのもんたさんが「ファイナルアンサー？」と言い、その後、しばらく回答者の顔を無言でじっと見つめるあのシーン。回答者はその無言の時間で心が揺れます。特にその回答で大金がゲットできるかどうかが決まりますから、回答者のみならず、視聴者も固唾を呑んでその無言の時間に集中します。

みのもんたさんは、本当にその答えでいいんですか？　大丈夫なのね？　と言いたげに、しかしその言葉は言わずに無言のまま相手の顔をじっと見つめます。

カメラはみのもんたさんと回答者の表情を代わる代わるアップにして、視聴者の関心を惹きつけます。

その吸引力は相当なもので、ガラス玉をダイヤモンドに見せるほどの効果がありました。

まさに、「間」の“効果”で“高価”にすり替えたのです。
これも魔法の「声力」ですね。

聞き手がイメージをふくらませることができる

表現とは、ただ単に活字を音にすることではありません。その言葉から、話し手の感情表現、聞き手の共感、感動を引き出すために声を操る作業です。

聞き手が話し手の感情を十分感じ取れる「間」、話の世界をイメージできる「間」、心を震わせ感動する「間」をとることで聞き惚れていくのです。

この「間」は、表面的には無音状態なのですが、話し手は、この無音状態の中で、実は聞き手に雄弁に語りかけているのです。

声は見えませんし、ましてや無音状態です。それなのになぜそう言えるのでしょうか。

それは「間」が活かされていると、「間」の次にくる音色が違うからです。その「間」で、話し手が実際その世界観の中で思いを感じているからこその技です。

ですから、5秒間無言で「間」をとりましたという、単なる数字で表せるものではないのです。

例えば、「山の新緑が鮮やかです。近くで小川のせせらぎも聞こえてきます。あれ、何かが聞こえてきます。あっ！　鳥のさえずりです」という文章を表現する場合。

山の爽やかな空気。青空に映える木々の濃淡の緑。さらさらと流れる小川のせせらぎ。そんな自然の心地よさを話し手自身が五感で感じ、表現することで、聞き手にも伝わります。

「あれ、何かが聞こえてきます」と、話し手が耳をそばだて、何の音だろうとじーっと聞き入っている「間」ができます。

聞き手も、その「間」で、話し手同様耳をそばだて、何の音だろうとじーっと聞き入ります。

そして話し手自身が、鳥のさえずりを確実に五感で感じたところで、「あっ！　鳥のさえずりです」と話すことで、鳥のさえずりが聞こえてくるのです。

もし話し手が、その「間」の中で、鳥のさえずりを具体的にイメージできていないと、「あっ！　鳥のさえずりです」の「あっ！」の音色が単なる音声で、表現になっていないので、しらけてしまうのです。

単なる音声ではなく表現にするには、「間」は欠かせないスキルです。もし、「間」をとらずに、まるでニュース原稿を読むかのように話を進めてしまうと、聞き手に鳥のさえずりを届けることはできないでしょう。

聞き手がイメージを膨らませることができるように、話し手が自分の言葉として表現するために、「間」は大きな役割を果たしているのです。

「間」は、言葉で表現するのとはまた違ったニュアンスを表現でき、表現者として難しい反面楽しい表現スキルです。

聞き手と話し手の双方向のコミュニケーションで効果を発揮する

スピーチ上手な人は、聞き手とコミュニケーションをとりながら話します。聞き手の目を見ながら、反応を受け止め、感情を高めながら、コミュニケーションをとるため、「間」を実に巧みに使います。

名スピーカーであったオバマ前大統領の演説ＤＶＤが、爆発的に売れたのを覚えていますか?

キーワードの「Change！」「Yes, we can！」を巧みに使い、オバマの投げかけた言葉に聴衆がどっとどよめき、歓声をあげる。オバマはその間、大きく間をあけ、歓声が静まるのを待ち、次の言葉を聴衆に投げかけます。するとまた聴衆が反応し、拍手喝采するのです。このようにオバマと聴衆は双方向のコミュニケーションをとりながら共感し、その場が一つにまとまり盛り上がりました。

聴衆の数は半端ではありませんでした。情報によると25万人だったということです。25万人というとてつもなく大きな群集をオバマが一気に惹きつけているそのカリスマ性、その声は自信にあふれ、力強く、説得力があります。

スピーカーが一方的に自分の話を聴衆に押しつけているのではなく、聴衆に語りかけ、聴衆もそれに応え、双方にこだましている一体感。

「間」を最大限に活かした、名スピーカーならではの表現力です。

考える余裕ができ、言葉の意味をゆっくり咀嚼することができる

難しい話の内容こそ、聞き手がゆっくりと理解できる「間」を作りましょう。

話の途中で「わかりますか？」と聞き手に投げかけ、聞き手の反応をうかがう「間」をとり、もう一度同じ内容を、違う言葉で説明し直したり、具体例を挙げてさらに説明をするといいですね。

「間」の長さにより伝える内容を変えることができる

例えば、即「わかりました」という返答と、だいぶ「間」がたってから「わかりました」との返答では、言葉の意味が微妙に変わります。後者の返答は、不承不承に返答しているのかもしれませんし、相手への心遣いで返答しているのかもしれません。

いずれにしても、即答の「わかりました」と、内容が同じではないことを、「間」で表現していることになります。

意味の切れ目としてわかりやすい

言葉で言えば、「さて」「ところで」のように、今までの話の内容から少しニュアンスの違う話に移るときに「間」を使うと効果的です。

このように「間」には、見えないけれど、凄いパワーがあるのです。

「間」を上手に使いこなせる人こそ、話の達人です。

しかし、一朝一夕ではこの「間」を巧みに使えるようにはならないのです。

落語を聞いていると、若手とベテランでは「間」を自分の芸にできているかいないかの差が、如実にわかります。まさに「話芸」です。

いいえ、落語家に限らず、「間」のある人と、「間」のない人では、話の味がぐんと違ってきます。

「間」の勉強は、名スピーカーのスピーチ、落語などをたくさん聞いたり、朗読、講談から学べます。自分が人前で話をする機会を得たときに、十分な事前練習をすることでも、徐々に身についていきます。

表現スキル5

一番「伝えたいこと」を強調する「プロミネンス」

一番伝えたい言葉を、他の言葉より強調して目立たせる表現スキルです。

卓立、卓越とも言われています。

例えば、「**机の上の**黒いファイルを　とってください」の場合は、黒いファイルは、書棚にもあるが、机の上にある黒いファイルをとってほしいときに「**机の上の**」の部分を強調して表現します。

「机の上の　**黒いファイル**を　とってください」の場合は、机の上には、赤いファイル、青いファイルもあるが、黒いファイルをとってほしいときに「**黒いファイル**」の部分を強調して表現します。

このように、「プロミネンス」は、相手に知ってほしい部分、特に重要な部分をわかりやすく伝える表現スキルです。

また自分が相手に絶対伝えたい思いがあるときにも使えますね。

「プロミネンス」のメソッド

それでは実際どのように表現するのかを、具体例で紹介しましょう。

強調する部分の音を
他の部分よりも強く発声する

「10日までに　取引先のO社宛て　請求書を送りました」

ア：いつまでに　イ：どこに　ウ：どうした

ア、イ、ウのそれぞれの部分が強調されるように言ってみましょう。

反対に強調する部分の音を
他の部分よりも低く弱く発声する

「遅刻の社員が　会議室に　そーっと　入ってきた」

遅刻の社員がきまりが悪そうに会議室に入ってきた様子を、「そーっと」の言葉の音色で表現する場合は、逆に低い音色で弱く表現するのも一つの方法です。

強調する部分の音を他の部分のスピードより
伸ばして発声する

「Aさんの企画力は　すごーい　です」

反対に強調する部分の音を
他の部分のスピードより速く発声する

「5時までには終えるよう　ぱぱっと　動きなさい」

「間」を活用して、強調する

「そのことは、 **ひ・み・つ**」

滝川クリステルさんが、手のジェスチャーも交えて紹介した「お・も・て・な・し」の言葉が一躍流行語となりましたが、これも「間」を活用して強調した例ですね。

要は、強調したい部分を、他の部分とは違った表現方法を使うことで、目立たせ、言葉を立てる。それが「プロミネンス」です。

最後にビジネスシーンで役立つ「プロミネンス」を紹介します。

会議などの席上で、クライアントや部下、関係者一同に、コンセプトなどを伝える場合、ここだけはおさえておいてほしい内容やキーワードがあります。

活字でいうと、文字が大きくなっていたり、太字になっていたり、色づけされたりする部分です。

そのような箇所は要注意ポイント、大切な内容ですので、絶対にさらっと流してはいけない部分です。他の部分より強調して表現しなければなりません。

そんなときに使ってほしいのが、このタイプの「プロミネンス」です。

12ページの**Q2：プレゼン・スピーチで、これだけは伝えたい！　という「キーワード」はどのように表現したら効果的ですか？**　の回答がこちらです。

弊社の基本コンセプトは

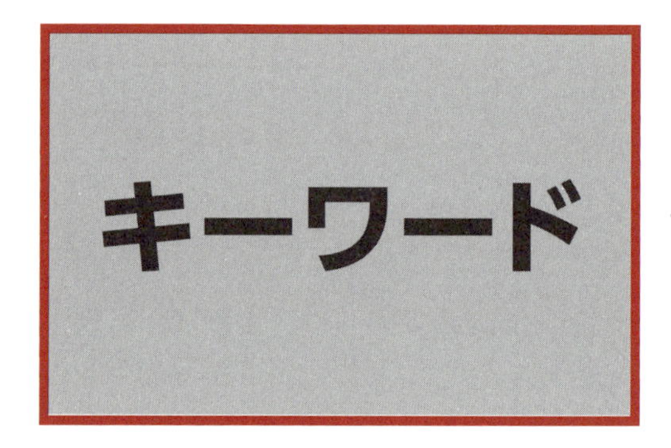

です。

よろしくお願いいたします。

一番伝えたい言葉は、キーワードの部分です。文字の大きさで表すと、他の部分が12ポイントでしたら、キーワードは120ポイントくらいの意識をもって表現しなければいけません。そのためにはどうしたらよいでしょうか？

まず、**キーワードの前で小さな間をとります。**

キーワードの言葉を言うときは少し高く、強く発声し、逆にスピードはゆっくりです。たったこれだけのことです。

「プロミネンス」の表現スキルは、誰もが、簡単に、即実行できる優れ技です。

キーワード、あるいは一番大切な内容を伝えるときに使ってください。

スピーチ、プレゼンで非常に役立ちますよ！

ただむやみに強調する部分を増やすと、メリハリがなくなり逆効果です。ここも大事、あそこも大事と、やたら強調する部分を大きな声で強く発声すると、力んでいる感じで聞き苦しい印象となります。

どの部分を一番強調したいのかを、まとめてから表現しましょう。

表現スキル6

あなたの声に魅力的な表情を加える「イントネーション」

「イントネーション」とは、抑揚をつけ、声に表情をつけるスキルです。

「イントネーション」により、話し手の思いや感情、個性や感性、願いなどを表現することができます。

「イントネーション」がない方は、ともすると、冷たい印象、無愛想な印象を相手に与えてしまいます。一緒に会話していても相手が無表情だと、面白くないのかなと思ってしまい会話がはずみません。それと同じです。

時々こんな方がいます。「今日の仕事結果どうだった？」と心配して尋ねても、「べつに～」と、無表情でモノトーンの調子で返す方です。これでは会話が続きませんね。こういう方が営業やサービス業の現場で一生懸命努力しても、声にパッションがないために、お客様からの受けはいまひとつになりがちです。

イントネーションのない方の話し方は、ロボットトーンで事務的な印象、マニュアルどおりでワンパターン、やる気がなく、ぶっきらぼうな印象にもなりかねません。

またこういう方がスピーチをしたり、人前で新聞や本からの引用文を読み上げますと棒読みになりがちです。

イントネーションのつけ方とその効果を考えてみましょう。

「語尾のまとめ方」で話し手の思いとイメージが表現できる

語尾の抑揚のつけ方次第でも、意味の流れに変化が出てきます。

語尾を上げれば、疑問文、あるいは明るい感じを演出することができます。

例えば「ハイ」というこんな短い一言でも、イントネーション次第で変化が生まれ、意味合いも変わってきます。

- 「ハイ？」

聞き返す場合など、語尾が上がります。

- 「ハイッ。」

かしこまって敬礼をしながら応答する場合は、最後の句点で、きちんと収めます。

- 「ハイ…」

不承不承に返事する場合は、声が小さくなり、もごもごした口調となります。

- 「ハ～イ」

元気？　と呼びかける場合は、相手に届くように声が高くなり、語尾も上がります。

また、語尾をはっきりと言い切ることで、話し手の自信、語尾をソフトに抑えることで話し手の優しさを演出できます。

語尾を「？」でまとめるのか「！」でまとめるのか、あるいは丸くまとめるのか、四角くまとめるのか、その他まだまだたくさんのニュアンスで語尾の音色が変わってきます。

語尾の音色の変化で、イントネーションをつけましょう。

同じ言葉でもイントネーション次第で話し手の感情表現、思い、相手との関係性など、その意味合いが変わる

Work —ワーク

「わかりました」の言葉に、それぞれの意味合いをこめて、イントネーションをつけてみましょう。

- 「わかりました？」本当にわかったの？　大丈夫？　の意味合い
- 「わかりました！」はっとして、謎がとけた瞬間の「わかった！」の意味合い
- 「わかりました」了解です！　任せてくださいの意味合い
- 「わかりました…」本心ではないけれど、やむなく「わかりました」の意味合い

相手から共感を得たいときにもイントネーションを使うことができる

- 「わかりましたよね」
- 「そうですよね」
- 「あってますよね」

言葉に鮮度をつけることで イントネーションがつき会話が弾む

言葉に思いをのせることで、言葉がイキイキとしてきて会話が弾んできます。

特に心と五感を開放し、その感覚をそのまま言葉にのせることで、言葉に鮮度が生まれてきます。そうすることで、イントネーションに動きが出てきて、明るい感じになります。

例えば、元首相の小泉純一郎氏の「痛みに耐えてよくがんばった! 感動した! おめでとう!」の名言が多くの人の心に響いたのは、小泉氏が感動をそのまま言葉にのせて言ったことで、言葉がイキイキしたのです。

例えば、手作りの料理をご馳走になり「美味しかった」とお礼の言葉を言うときに、言葉では確かに「美味しかった」と言っていても、通りいっぺんの口先だけなら、もてなした人に、あんまりお口にあわなかったのかしらと思われてしまうかもしれません。

そこに「本当に美味しかった！」と感じた本人の感覚をのせることで、イントネーションが変わり、明るいイキイキとした音色となり、相手へ伝わる温度がぐんと高まります。

これこそ、褒め上手。口先だけではない、あなたの賛辞が伝わります。

人は素直な感情でアピールされると、その人に対して親近感を覚えます。

素直な感情は、心も五感も開放されてこそ生まれてくるものです。

素直な感情から表現された言葉には、その人を輝かせるイントネーションがついてきます。

いずれにしても、怒りや悲しみのようなマイナス感情は控えめにして、喜びの気持ちや感謝の気持ちなど、プラスの感情を少し大きく表現しましょう。

ワクワクドキドキした思いを大切にして、その思いを言葉にのせれば、イントネーションがつき、声が明るくなり、言葉がイキイキとしてきます。

イントネーションであなたの声に魅力的な表情を加え、自分表現を楽しみましょう。

One Point ―ワンポイント

ちなみに、「イントネーション」と「アクセント」の違いですが「イントネーション」は、文の中での高低、強弱の抑揚であり、「アクセント」は、単語の発声上の高低、強弱です。

Work —ワーク

音色の変化で自分を演出するトレーニング

好きなイメージに変えて言ってみよう！

「いかがですか」

「ありがとうございました。とても楽しかったです」

イメージの例

- 活発でフレンドリーなイメージ
- フォーマルなイメージ
- おとなしく、やさしいイメージ

表現スキル7

言葉に魂をのせることで相手の心に届く「エモーション」効果

エモーション効果とは、言葉に話し手の「伝えたい」という熱い思い、情熱、信念をこめることで、強いメッセージ性を作ることです。

話の内容が7%に対し、声の調子、話し方は38%という「メラビアンの法則」論理からしても、いかに話し手の声と言葉の使い方が重要であるかが理解してもらえると思います。とりわけ「エモーション」効果のポイントが高いのです。

それでは声の表現スキル「エモーション」には、どのような効果があるのでしょうか。

感動と共感を生み出す

人と人との関係において、感動と共感は最高の喜びです。幸せな人生とは、いくつの感動と共感が得られるかで決まるのではないでしょうか。

名スピーチには、感動と共感があります。貴重な情報、知識のメッセージも有意義ですが、感動、共感のあるメッセージは、人の心に残ります。

自分の言葉になる

「自分の言葉」は、見せ掛けのテクニックを超えて、相手の心にストライク！　です。

例えば、他者が書いた原稿をいくら朗々と読み上げても、自分の言葉になっていなければ、聞き手の心に響きません。

「拝啓、貴社益々ご清栄のことと存じます」と、ビジネス文書のコメントのようにただ単に耳を通過するだけでは味気ないのです。表面だけをなぞった言葉に人は共感しません。

拉致被害者の母が娘のことを思い綴った手紙の朗読はどうでしょうか。その手紙を、いくら美声のアナウンサーが完璧な日本語で読み上げても、心で泣きながら娘を案じて読み上げた母の言葉にはとてもかなわないのです。

母親の心の叫びは「自分の言葉」そのものだから、聞き手の心を震わすのです。

声がきれいでなくても、稚拙な言葉でも構いません。「自分の言葉」で伝えてください。

説得力となる

会議、プレゼン、営業先、面談で、エモーションパワーは、競合相手との戦いの武器となります。

商品よりもまずは自分を売れというのは、よく言われていることです。商品知識に精通することはもちろんですが、まずは自分が相手に信頼してもらえなかったら、商品を買ってもらうことはできません。

誠実さ、真摯な姿勢、一生懸命な気持ちが、声の調子、話し方に表れ、相手の心に伝わることではじめて、自分を信頼してもらえるのです。

信頼感は、なによりもの説得力です。

「エモーション」効果のメソッド

言葉に気持ちをのせて、相手の心に届けることです。

ポイントは、声に気持ちを込めて表現することです。

演技をすることではありません。声に気持ちを込めるには、心から本当に思わないと、わざとらしくなってしまい逆効果です。

ポイントは、声から作るのではなく、気持ちから入ることです。そうでないと、嘘っぽくなってしまうからです。

テレビで時折放映されます謝罪会見。秘書が書いた謝罪文を無表情にぼそぼそと読み上げ、謝っているのか、開き直っているのかよく分からない人がいます。いくら完璧な謝罪文でも、気持ちが入っていない言葉は、被害者からすればかえって逆効果で、益々怒りが込み上げてきます。

そのようにならないためには、言葉を目で見て、頭で理解して、そのまま言葉にしないこと。目で見た言葉、頭に浮かんだ言葉を、心に取り込み、あなたのハートで感じ取ってから、言葉にすることです。

五感を開放して、自分の感性でみずみずしく表現することです。

音で伝えるのでなく、心で伝えようと思ってください。

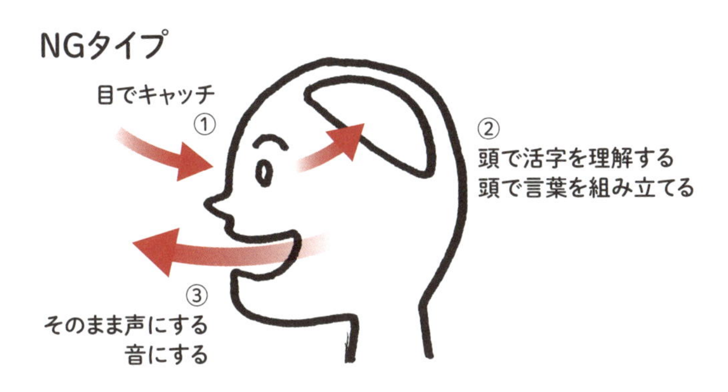

OKタイプ

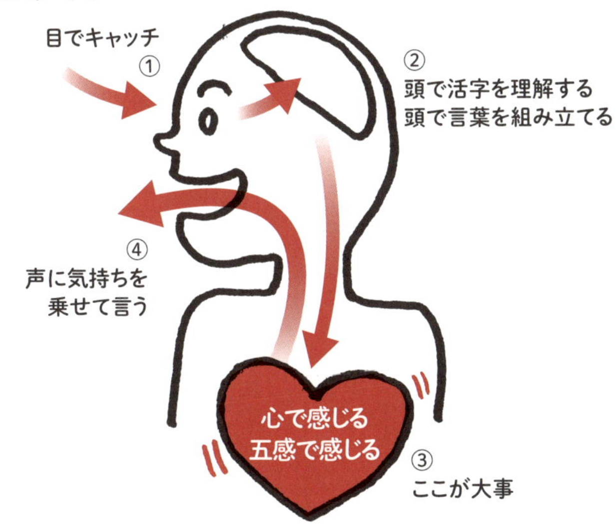

お詫びをするとき、感謝を伝えるとき、喜びの表現をするときなどに、エモーションパワーを使い日常会話に役立たせましょう。

例えばプレゼントをもらったとき。

- 悪い例「ありがとうございます。嬉しいです(無表情に)」

贈った側は、ああ、気にいっていないんだ〜とがっかりしてしまいます。

- 良い例「うわぁ〜嬉しい！　これ前から欲しかったの。ありがとう！！」

と、声に喜びの気持ちが込められていたら、相手だって、ボーナスはたいて贈ったけれど、これだけ喜んでもらえてよかったなと思います。

声に気持ちを込めて表現することで、その言葉が初めて相手の心に届き、共感、感動が得られます。

コミュニケーション上手の決め手です。

第2章

スピーチ・プレゼンに役立つ！人前で話す声と言葉の使い方

プレゼン・スピーチ上手は
「東大脳」
より
コミュニケーション脳

い

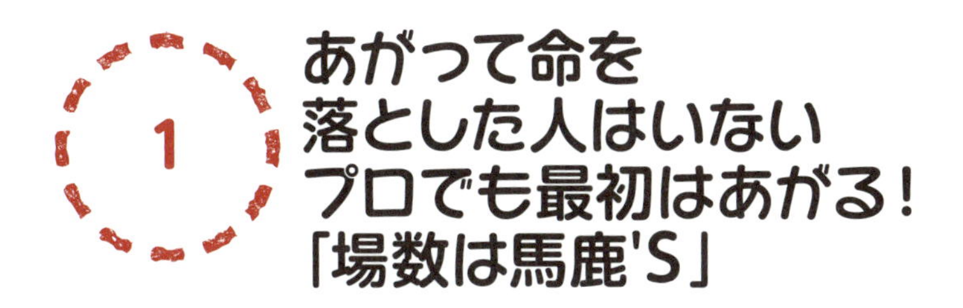

1 あがって命を落とした人はいない プロでも最初はあがる！「場数は馬鹿'S」

あなたはこんな経験をしたことがありませんか。

「部下の結婚式にスピーチを頼まれた。社内の人間ばかりではなく、取引先の皆さんも出席するらしい。会社の代表として、みっともないスピーチはできない！　どうしよう…」。

「来週はプレゼンだ。長い期間チームが取り組んできた成果を発表する。失敗したら、チームのメンバーに申し訳ない！　どうしよう…」。

人前で話すとなると、多くの人が気になるのが、**あがってしまい失敗したらどうしよう**という心配です。

そもそも、なぜあがるのかを考えてみましょう。

- **誰もが体験する経験不足**
- **内気な性格だから人前で話すなんてとんでもない！という苦手意識**
- **突然の指名で用意ができていない準備不足**
- **上手にやらねば迷惑をかけるというプレッシャー**
- **コンペなどでの競争意識**

などでしょうか。

私のあがりデビューは、5歳の盆踊りのときです。日本舞踊の発表会で初めてやぐらの上で踊ることになったのです。やぐらといえども、5歳の子どもにとってはスカイツリーのてっぺんに立った気分でした。一瞬真っ白になり、金縛り状態のあと、あたり一面に響きわたる大声で泣きだしたのです。

そんな私をやぐらの下からひょいと抱きかかえ救い出してくれた父親は、まるでスーパーマンのようにたくましく感じました。

保育園、幼稚園の運動会でもこれと似たような光景をよく目にしますね。みんなでお遊戯している中に、棒立ち状態でひとりぽつんとしている子。傍から見ていると微笑ましいのですが、本人はあがりきってどうしていいかわからないのです。

大人になり、プロになり、自分と多くの人のあがり方も見てきて実感。それは、誰でもあがる！　ということです。

いまは大御所のアナウンサーの方が、新人時代「火が出ました！」というニュースコメントを読み上げるとき、緊張のあまり「へが出ました！」と言ってしまったそうです。

紅白歌合戦のトリを務めるベテラン歌手が、あがっているのもよく目にします。長い人では数十年もその道のプロとして活躍している超ベテランの歌手です。その超ベテランの歌手でさえ、トリというプレッシャーのためにあがってしまうのです。

練習では完璧なスポーツ選手が、オリンピックでは、普段どおりの実力が発揮できずに涙するケースも多いですね。

そう、プロでもあがるのですから、プロでない人があがるのは、当たり前のことです。もう、堂々とあがりましょう。

プロであっても、おぎゃ〜と産まれたときからプロだったわけではないのです。たくさんあがって、失敗をして、恥をかいて、悔しい思いをした私が、学んできたことを紹介します。

少しでもお役に立てましたら、いままでの苦労が報われます。

あがりを抑える処方箋

リスナーをかぼちゃや茄子と思えばあがらない。手のひらに「人」という字を書いて飲み込めば大丈夫はよく言われていることです。気休めのおまじないでしょうか、私は「人」をもう何十万人と飲み込んできましたが、あがるときはあがります。

本番前、周囲に期待されていればいるほど、プレッシャーがかかるものです。手がふるえ、足はガクガク。口はカラカラ、心臓がドキドキします。

でも、大丈夫！　どんなにあがっても命を落とすわけではありません！　心臓がドキドキしているのは、まだ生きている証拠です。

こんな症状が現れたときの、本番直前対策、即効薬を紹介します。

まずは、大きく、ゆったりと深呼吸をしましょう

なんだ、深呼吸かと思うかもしれませんが、深呼吸は、即、効果を発揮する気付け薬そのものです。身体と心はつながっています。深呼吸で身体をリラックスさせることで、心も落ち着きます。心を平静にさせ、心の中のプレッシャーを追い出し、リラックス状態で臨むことが、人前での話へと導きます。

第1章で紹介しました、ショートエクササイズを参考にしましょう。

プレッシャーの坩堝(るつぼ)にはまらない

他のことに気持ちをもっていくことも意外と効果があります。例えば、

- **自分の気持ちが落ち着く音楽、あるいは元気、勇気が出てくる音楽を聞く**
- **気持ちのコリをほぐすために、体操をする**

緊張は心と身体の両方に関係しています。身体をほぐすことで、気持ちもほぐれてきます。軽く身体を動かすだけでも違います。

- **スマホでゲームをしたり、雑談したりなど、緊張感から視点をかえて、遊んでみる**

また、最初はあがっていなかったのに、突然話すことを忘れてしまったり、上司や先輩の厳しい視線と目があってしまったり、途中であがってしまうことがあります。

そんなときは、あがったままで話を継続しないことが大事です。そのまま話を継続させても、結局最後まであがったままで終わってしまうケースもよくあります。

噛む、頭が真っ白になり話す内容を忘れる、また、すでに話し終わった内容に戻ってしまうなど、事態は最悪のパターンになりがちです。

以下、途中であがってきてしまった場合の対策を紹介します。

水を飲むなどして、気持ちを落ち着かせる

喉の渇きというよりも、この水を飲む時間の中で気持ちを落ち着かせます。慌てずに、ゆっくりと水を飲みましょう。

ホワイトボードを利用する

気持ちを落ち着かせる時間を長くとりたい場合は、聞き手との対面から視線を変え、ホワイトボードに向かい、なんでもいいから書き込むのも一つの策です。

自分ではゆっくりすぎると思うほど、ゆっくり話す

あがるとどんどん早口になりがちです。不安と焦燥感で気持ちが追い立てられてしまうのかもしれませんね。そんなときこそ、ゆっくり話すことを心がけることが大事です。

伝えたいという熱い思いを忘れない

あがってなんかいられない！　これを絶対伝えたい！　という熱い思いで自分を奮い立たせましょう。

以上は、本番直前、本番中の気付け薬ですが、訓練であがりの免疫力をつける漢方薬があります。それは、目のトレーニングです。

聞き手の目に慣れれば、あがりも怖くない！

最初はあがっていなかったのに、話し始めてからあがってしまう原因の一つに、聞き手の目が怖いというのがあります。

それを痛感した出来事があります。刑務所への慰問訪問で講演に出かけたときのことです。

男性の刑務所と聞いていましたが、人生いろいろです。それぞれの事情で人生が思うようにいかなかった方々を励まそうと、出がけは意気揚々と構えていました。

刑務所に一歩入るやいなや、空気が違います。肌で感じたその空気の違いが決定的となったのは、ステージに立ち、話し始めて間もなくのことでした。

私は駄洒落大好きで、講演、研修で必ずというほど、遊びや、面白くもない駄洒落を織り込みます。それでも皆さん結構笑ってくださって、会場の雰囲気が和らぎます。

しかし、そのときは誰も笑いませんでした。くすっともしませんでした。そこで私はお馴染みのジョークですが「今ここで笑いませんと、もうこの先笑う場面がありませんよ」とその場の空気を入れ替え、なんとか楽しいムードを作ろうとしました。

が、笑ってくれません。それどころか益々真面目な顔で睨み返してきます。いえ、睨み返してきているように私が感じてしまったのです。

散々な気持ちを抱え講演が終了し、ステージを降りると、刑務所の担当者の方が「いいお話でしたね。いつまでも聞いていたい内容でした」とのことでした。

「…？　でもみなさんはあまり楽しそうではなかったようで、すみませんでした」と伝えたところ、「刑務所は全体統率のため、普段厳しく矯正教育しているものですから笑わないんです」とのことでした。

確かに会場は監視官が取り囲み、厳重な体制でした。空気が張り詰めたものものしい雰囲気の中で、200人以上もの男性の視線が、一斉に私に向けられています。

同じ作業服を着て剃髪した200人以上もの男性が、姿勢を正し、きりっとした視線で私を睨んでいます。

あっ、目に殺される！　その恐怖感で私は思わず引いてしまいました。

私にすればその光景は、5歳の盆踊りのあがりデビューの体験のようでした。

落ち着いて考えれば、彼らは決して私を睨んでいたのではなく、真面目な顔で聞いてくれていたのでしょう。監視官に取り囲まれながら、厳しい矯正教育を受けている皆さんに、笑いを強要した自分を大いに反省しました。

と同時に、人前で話す際のリスナーの目の怖さを痛感した経験でもありました。

みんなが私をにらんでる!!

一方、これとは逆の思いを経験したことがあります。

それはやむなくピンチヒッターで、ライブステージの司会をしたときのことです。

ナレーター、声優の仕事は多くがスタジオ内で行われ、直接観客の前に立つことはありません。ましてや大人向けのきちんとしたステージでの司会です。ピンチヒッターゆえに失敗したら迷惑をかけるというプレッシャーに押しつぶされそうでした。ドキドキ、ガクガク、ガタガタで、逃げ帰りたい気持ちを必死に抑えてステージに立ち、スポットライトの照明を真正面から浴びたそのときです。

あまりのまぶしさで何も見えません。会場のお客様の顔も見えません。いつの間にか本番前のドキドキ、ガクガク、ガタガタはすっかり消滅し、私は少しもあがることなく、実に気持ちよく話すことができたのです。

先ほどの刑務所の体験とは逆のパターンですが、いずれも人前で話す際の、リスナーの目の重要さに気づいたのです。

あっ、そうか！　あがらないようにするには、リスナーの目に慣れればいいんだと気づきました。

人はスピーカーの話を聞いているとき、知人、友人ならば笑顔で頷いてくれても、多くの場合は無意識の表情であり、真顔であり、無愛想でもあります。

その無愛想な目が、まるで矢のように自分に飛んでくるために、緊張している話し手は恐怖に感じてしまうのです。1対

1ならともかく、5人でもその無愛想な目の数は10個です。50人なら100個の目です。100本の矢が自分めがけて飛んできたら、誰だって金縛り状態になります。

そこで普段から「聞き手の目に慣れるトレーニング」をしておけば、本番で矢に殺されることはありません。

Work —ワーク

聞き手の目に慣れるトレーニング

参加人数は、10人以上が理想的です。このトレーニングをしている間は、参加者全員が一切無言で、笑顔も見せず行うことがポイントです。

話す人が、聞く人の正面に立ち、ひとりの顔を見ます。

話す内容はなんでも結構ですが、このワークに関しては、笑いを誘うような内容でないほうが賢明です。

見られている人たちは、決して笑わないこと。微笑みもなしです。

友人、知人同士でも笑顔を見せないようにしてください。

怒った顔までしなくても、無表情な顔は、案外怖いのです。

ひとりの人の顔を見るのは、15秒から30秒程度。

15秒から30秒お互い笑顔もなく見つめあうというのは結構きついものです。

しかし、短い時間ですと効果が薄れます。少しずつタイムを延ばしていきましょう。できれば、タイムキーパーをおいて、合図を出せるといいですね。

見られている人は、今、自分が見られていますと手をあげます。

見られている人が交代したとき、新しく見られている人は、またサインを送ります。

話し手は、いまあなたを見ていますよと、手でサインを示します。

見られていない他の人も同様、笑わずに話し手を見つめます。

ひとり30秒、10人で5分ですが、話し手は、とても5分とは思えないほど長く感じるはずです。いいですか、ポイントは聞き手が決して笑わないことです。話し手が気の毒と思っても決して笑わないこと。微笑むだけでもダメですよ。

お互い緊張してとても疲れる作業ですが、効果があります。

リスナーの目に慣れることで本番で目の恐怖感がなくなり、あがりの症状を大きく減少できます。

ひょっとしてあなたは、自分は内気で、気が弱いからあがってしまうと思っていませんか。いいえ、それは単にあがらないためのコツを知り得ていない、経験不足なだけのことです。**「場数は馬鹿'S」で、必ず免疫力がついてきます。**あがりを100％なくすことはできなくても、ある程度自分のあがりをコントロールできるようになります。

そうすると徐々に身体の力が抜け、自分の言葉となり、説得力もついてきます。

「場数は馬鹿'S」とは、失敗も勉強だからと、馬鹿になって数をこなしていくことです。人前で話す機会が訪れたら、チャンスだと思ってチャレンジしましょう。

人前で話すことが楽しくなりますように。

2 しっかりとした準備が自信につながる

意外と思われるかもしれませんが、話し上手な人ほど、事前の準備をしっかりとしています。

プレゼン、スピーチ、朝礼など人前で話をする機会が与えられたときは、以下のことをおさえておきましょう。

事前の情報収集

スピーチを頼まれた主旨、聞き手の情報（年代・人数・層）、与えられた話し時間に何をどのようにまとめるかは、事前に情報収集した上で話の構成をまとめましょう。

原稿は完全でなくてもよいのですが、絶対に伝えるべき箇所はおさえる構成にしましょう。話す内容の要所要所のメモを作っておくと、いざ本番であがってしまったり、忘れてしまった場合に助かります。

会場と設備確認

映像設備

映像が使えるかどうかにより構成が違ってきます。また映像設備の内容次第でパワーポイントを使った映像効果も大きく違ってきます。単に文字情報だけを表示するのでしたらさほど影響はありませんが、映像を鮮明に見せたい場合はまったく効果が違ってきます。

音響設備（マイクの有無、ＢＧＭ他の音響）

事前のマイクテストで音量チェックをしておくとよいです。チェックはマイクを吹きやすい「ハヒフヘホ」か「パピプペポ」の音がベターです。両手を使う作業が伴うときは、インカムマイクが適しています。

照明の有無

スポットライトか全体が明るいのかを確認しましょう。

会場の広さ

ステージと観客席との距離感をおさえておきましょう。観客からの視点でスピーカーの見え方も違ってきます。例えば、何かパフォーマンスをする際、ステージがないと後方の観客には見えないかもしれません。

観客が立ったままで聞くのか、椅子に座って聞くのかで、話の長さを調節する配慮も必要となります。

会議室の場合は、ホワイトボードの有無、パワーポイント使用の有無など、当日現場で「え〜、困った！」ということのないようにしておきましょう。

以前こんなことがありました。事前にパワーポイント使用が可能かどうかを確認の上、かなりの時間と労力をかけて原稿を作り、パワーポイント中心の研修を予定していました。ところが当日、現場の事故で突然パワーポイントが使えなくなりました。もしものときのリスク対策も用意しておくと万全ですね。

One Point ―ワンポイント

パワーポイントの効果を出す使い方

　パワーポイントに書かれている話の内容を、そのまま読み上げるようでは面白くありません。アニメーションを使ったり、楽しい映像を入れ、話のあとにその映像を見せて「ご覧ください！　こんな感じです」と説明するなど、パワーポイントの見せ方を工夫してください。

　資料を先に渡してしまいますと、聞き手は手元の資料を読むために下を向いてしまい、パワーポイントの内容も、話し手の表情も見なくなります。できれば資料は帰りがけに配布するか、話す内容をすべて記載せず、話を聞きながら書き込んでもらうスタイルにするといいですね。

声に出しての練習効果はすごい！

声を出して練習することをお薦めします。

- **声を出して練習することで言葉の歯切れがよくなり、リズムがつかめるようになる**
- **声に出すと、アクセントの間違い、発声しにくい**

言葉、話し癖を発見できる

- **目で見て予測するおおよその時間と、実際に話してみてかかった時間の違いに気づく**
- **耳で覚えることで、本番のときに頭で言葉を探さなくなる**

これらは非常に大きなことで、実にたくさんの効果を生み出します。

企業イベントでナレーター教育の仕事をしていたときのことです。ナレーターは、事前にクライアントから渡された原稿を覚えてきてリハーサルに臨みます。

しかし、企業イベントの原稿内容は、先端企業のプロが参加するイベントです。最先端のテクノロジーを駆使した商品説明は、専門用語も多く、話すことがプロのナレーターといえどもかなりのハイレベルです。

そのため、リハーサルではまだまだ不完全で、頭の中の言葉を探りながら話しますので、説得力はまったくありません。それが回を重ねるごとにみるみるうちに上達していきます。これは、彼女たちが頭の中に言葉を探しにいく必要もなく、すでに耳で覚えているので、言葉のほうから自動的に語り出していくのです。

自動的に語り出されていく言葉たちは、言葉につやが出て、力強く、聞き手を頷かせるものがあります。企業イベントは多くのケースで3日から5日間ほどの期間で実施されますが、本番はリハーサル時とは雲泥の差で説得力がついています。

話の説得力は稽古の量に比例するのです。

- **練習の数だけ、言葉が自分のものになり、説得力がますます高まる**
- **練習したから大丈夫。やれることはすべてやったからという安心感から、余裕がでてくる**
- **安心感から生まれた余裕で、「間」がとれるようになる**
- **「間」がとれるようになることで、聞き手との双方向のコミュニケーションがとれるようになる。話の上で「間」の効果は絶大**

※「間」の効果につきましては、1章で確認願います。

声を出しての練習効果は凄いのです。ぜひ皆さんも実践してみてください。

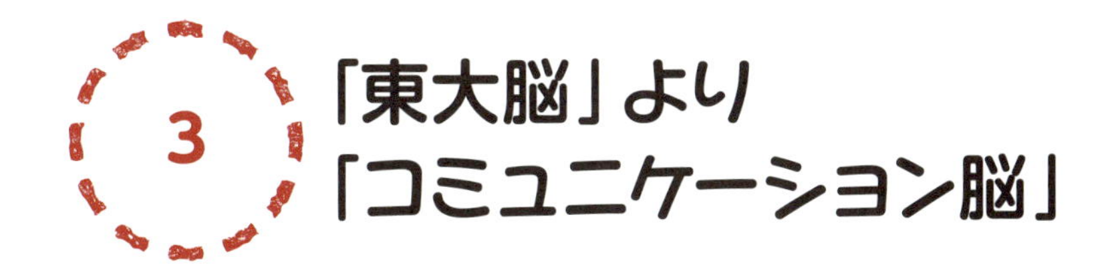

3 「東大脳」より「コミュニケーション脳」

N教授の授業を聴講したときのことです。N教授は、東大出身でその分野では一目おかれた学者です。

教授の本を読み感銘した私はすっかりN教授のファンとなり、お会いできる日を楽しみにしていました。そして、ついに念願がかなってその日がやってきました。

ところが…。教授は教室に入ってくるやいなや、生徒の顔もろくに見ず、古ぼけたノートを開くと、ただ黙々とそれを読み上げたのです。

しかも、小さな声でボソボソと、まるでお経を読み上げるかのように単調に。それは、睡魔を誘う棒読み型そのものでした。

案の定後ろの席の生徒たちは、スマホをイジっていたり、おしゃべりしたり、漫画に読みふけっていたり、居眠りをするなど散々な状態でした。

残念ながらN教授の素晴らしい話の内容が、多くの生徒に伝わっていないのです。

ところがN教授は、そんな生徒にはお構いなしに、睡魔を誘うお経読み型授業を続けています。ただひたすらノートを読み上げ、生徒とのコミュニケーションがまったくありません。教師たるもの、教えるということにもっとプロ意識を持つべきではないかしらと感じた出来事でした。

ただ一方的にがなりたてる近所迷惑な「選挙演説型」、紋切り型でワンパターンの「ステレオタイプ型」、無機質な音声ガイダンスタイプの「ロボット型」などなど、NGスピーチはN教授に限ったことではありません。

お経読み型

選挙演説型

ステレオタイプ型

ロボット型

講演、スピーチ、プレゼンで求められるのは、「東大脳」より「コミュニケーション脳」です。聞き手とのコミュニケーションがとれませんと、一方通行のＮＧスピーチになってしまいます。

NGスピーチ・プレゼンの特徴

- 聞き手とアイコンタクトをとらずに、下を向いたまま話している
- 原稿の棒読みで、メリハリのない話し方
- 小さな声で、ぼそぼそと話すので、聞こえない
- エモーション効果を使っていないので、声にパワーがなく、説得力がない
- N教授のように、自分の頭の中の言葉をそのまま音声にして一方的に話すだけで、聞き手に興味を持って聞いてもらおうという工夫がない

聞き手との双方向型コミュニケーションをとるためには、ただ単に情報や知識を発信するだけではなく、聞き手の心をつかむ話し方、聞かせる力が求められます。

コンテンツが、どれほど素晴らしくても、それを聞かせる力がないと伝わりません。情報、知識の一方的押し売り、アウトプットに終始するのではなく、いかにして聞き手に伝えられるか、聞き手を意識できるかが基本の姿勢です。

「コミュニケーション脳」で伝える
スピーチ・プレゼンの極意

では、「コミュニケーション脳」で、聞き手の心をつかむ話し方をするには、どのようにすればよろしいでしょうか。

「コミュニケーション脳型スピーチ・プレゼン」とは、いわば話し手と聞き手とのキャッチボールです。このキャッチボールにおいて絶対不可欠なのが「間」です。

ところが人前での話に慣れていませんと、自分が話すことに夢中になってしまい、この「間」を自在に操ることができません。

第1章で紹介しました「間」の効果を思い出しましょう。

それでは「コミュニケーション脳」で、聞き手の心をつかむための「間」の使い方をいくつか紹介します。

「間」をとり、聞き手へのアイコンタクトを心がける

立て板に水を流すように切れ目なく話すのではなく、時々聞き手に向けて、無言でわかりますか？　のサインを送ります。すると聞き手もそのサインを受けて無言で返してくれます。このアイコンタクトをするときに使われるのが「間」です。この「間」はほんの短い時間なのですが、たったこれだけで話し手と聞き手との交流ができるのです。

このアイコンタクト、1対1なら抵抗なくても、話し手が大勢の前で緊張していると案外難しいのです。先に紹介しました、

聞き手の「目に慣れる練習」の成果が問われます。

下を向かず語りかけることで「間」をとる

文字情報をただ音声にして、一方的に話していては、聞き手に伝わりません。そのためにも原稿は読まないで聞き手に語りかけましょう。もし原稿を読む場合は、前後の挨拶、また時折、聞き手に語りかけながら進めていき、最初から最後まで下を向いたまま話し続けないことです。

ライブの場合、聞き手は話し手自身の言葉を求めています。

語りかければ、自然と「間」が生まれてきます。

「間」をとりながら聞き手と交流する

例えば、「○○と思う人は、手を挙げてください」と言い、手があがるまで待ちます。あるいは、生徒に積極的に質問を投げかけ、回答が出てくるまで「間」をとり、待ちます。

演習を行い発表してもらうのも良いでしょう。発表は、個人でもグループ学習の代表発表でも結構です。このように聞き手と話し手の双方向のコミュニケーションの際に、十分な「間」をとり、その場を盛り上げましょう。

話の中で「間」をとる

話の中に、生きた「間」をとることで、聞き手に伝わる度合いが高まります。生きた「間」とは、ただ単に時間をおいただけの「間」ではなく、その「間」をとることできちんと効果を出している「間」のことです。

その効果とは、聞き手が話し手の言葉の意味をゆっくり咀嚼できますので、内容の理解が深まり、考える余裕ができ、聞き手が話の内容のイメージをふくらませることができます。また、意味の切れ目としてもわかりやすいです。

「間」は、通常の会話でも効果を発揮しますが、人前で話す際には、さらに抜群の効果を発揮します。

名スピーカーほど「間」を巧みな演出効果として活用しています。

また「間」以外にもスピーチ・プレゼンで活用するべき極意には、こんなものがあります。

スピーチ・プレゼンで活用するべきその他の極意

第一声は「落ち着いたトーン」と「ゆっくりのスピード」でスタートする

緊張すると自然と早口になりがちですので、第一声はゆっくり過ぎるかなと思うくらいのスピードで始めましょう。

心熱く語るがために、トーンをハイテンションにしてしまいがちですが、あえての演出でない限り、落ち着いたトーンから始めたほうが無難です。

最初から一番高い声で始めてしまうと、その上がないのでメリハリをつけにくくなり、聞き手も長時間高い声、強すぎる声で話を聞くのは疲れます。

第一声は、聞き手も注視しています。話し手が聞き手の心をつかめるかどうかは、第一声の「トーン」と「スピード」が大事です。

※表現スキル　声の「トーン」と「スピード」の活用です。

「プロミネンス」でキャッチワード・キーワードを印象づける

有名なものでは、リンカーンの「人民の、人民による、人民のための政治」。スティーブ・ジョブズの「ハングリーであれ！愚か者であれ！」。キング牧師の「私には夢がある」。バラク・オバマの「Yes, we can」「Change！」など、名スピーカーは、キャッチワードでの印象づけが巧みですね。

※このキャッチワードの言い方は、第1章「プロミネンス」の表現スキルの中で紹介した「キーワードの言い方」の活用です。

キャッチワード・キーワード・大切な言葉の前で、小さな「間」をとり、少し高く、強く発声し、ゆっくりです。

あなたもあなた独自のキャッチワードを作ってみてください。いずれにしても、名スピーカーは、メリハリのある話し方を心得ています。「7つの表現スキル」のコラボで、メリハリのあるスピーチ、プレゼンをしましょう。

また、こんな極意も覚えておくと重宝します。

ナンバリングで説明する

ナンバリングで説明するときは、手のジェスチャーを使いましょう。

最初に「商品のポイントは、3つあります」と言うことで、一つひとつが聞き手の頭に残りやすく、動きも出てメリハリがつき、ビジネスシーンでは欠かせない表現スタイルです。

スピーチ・プレゼンを演出する話の構成

スピーチ、プレゼンは雑談とは違います。単なる思い付きで話すのではなく、しっかりとした話の構成が必要です。話の組み立て方の主なものを紹介します。

「主題・話題・主題」のサンドイッチ型

主題

始めに、その話のテーマを簡潔に述べます。

- 「○○についてお話しさせていただきます」

話題

話の内容を説明します。

主題

終わりに、もう一度話のテーマを述べ、締めます。

- 「○○についてお話しさせていただきました」

Example —例

主題

- 「スピーチのコツをお話しさせていただきます」

話題

- 「拍手喝采を受けるスピーチは、3Kをおさえています」
- 「一つ目のKは、興味のK、興味を持ってもらうことです」
- 「二つ目のKは、共感のK、共感してもらうことです」
- 「三つ目のKは、感動のK、感動してもらうことです」

それぞれ具体例を簡単に盛り込みながら説明します。

主題

- 「スピーチのコツをお話しさせていただきました」

このサンドイッチ型は簡単であり、しかも途中多少の乱れがあっても、最後にもう一度、最初に掲げた主題を繰り返すことできちんとおさまりますので、使い勝手がいいです。

Work —ワーク

上記の、〔例〕のスピーチで演習をしてみましょう。

Q1:「プロミネンス」で強調する言葉は、どれでしょうか?

A1:プロミネンスで強調する言葉は「3K」、「興味」、「共感」、「感動」です。

Q2：「プロミネンス」でキーワードを印象づけるメソッドにあてはめるとどのようになりますか？

A2：キーワードを印象づけるメソッドにあてはめると、以下のようになります。

- **「3K」、「興味」、「共感」、「感動」の前で、小さな「間」をとり、**
- **「3K」、「興味」、「共感」、「感動」の言葉は、少し高く、強く発声し、ゆっくりです。**

Q3：より聞き手に印象づけるために、「拍手喝采を受けるスピーチは」の「は」の言い方に工夫をこらすには、どのようにしたらよいでしょうか？

A3：「拍手喝采を受けるスピーチは」の「は」の言い方は、語尾を上げ、聞き手に何でしょう？　と問いかけるように言うことで、聞き手に興味を抱いてもらえます。
※表現スキル　「イントネーション」の語尾の使い方です。

Q4：ナンバリングを活用するにはどのようにしたらよいでしょうか？

A4：ナンバリングは以下のように活用します。
　まずは、「3Kをおさえています」を言うときに、3本指で説明します。以降は1本指で「一つ目のKは」、2本指で「二つ目のKは」、3本指で「三つ目のKは」と説明に入ります。

「結論・根拠理由・まとめ」のオーソドックス型

主題・結論

自分の意見、主張、あるいは話の内容の主題、結論を先に述べます。

- 「○○の結果、～のように決まりました」
- 「○○に対して、私は～のように思います」

根拠理由

数値化できるデータ、視覚化できる映像、写真など具体例で詳細に説明しながら、その根拠、理由を述べます。

- 「なぜならば、～～だからです」

まとめ

- 「以上、○○をご報告させていただきました」
- 「以上、○○について提案させていただきました」

挨拶について

話の内容もさることながら、聞き手は話し手そのものに注目しています。いきなり本論から話し始めるのではなく、話し手の簡単な自己紹介、聞き手の興味を引くような話題（最近のホットニュース、楽しい話題）から入るのがよいでしょう。

最後の挨拶も突然プツンと終わるのではなく、話の締めとなるような言葉を添えて、「ご清聴ありがとうございました」「最後までお聞きいただきましてありがとうございました」とお礼の言葉を述べて終えます。

Example —例

はじめの挨拶

「本日はお忙しい中、〜へお集まりいただきましてありがとうございます。さて本日は敬老の日です。近頃は活動的なシニアが増えまして、シルバーという言葉だけでは間に合いませんで“シルブ・シルバー・シルベスト”と、人生まさに100年時代です。

そんなアクティブシニアにとって、一番目に大切なのは、ゲンキ（元気）です。二番目に大切なのは、ゲンキ・ン（現金）です。

ところがもはや、子どもや年金だけを頼りにできない時代です」

主題結論

そこで本日は、アクティブシニアのための「賢いお金の増やし方・守り方」のお話をさせていただきます。

根拠理由

「なぜ、子どもや年金だけを頼りにできない時代かと申しますと」と言い、時代の背景、その根拠となるデータなどを基に現状を説明します。その上で商品案内をします。

ただ商品説明だけで終えてしまいますと、いかにも商品の押し売り的なイメージで芳しくありません。そこで、話題をやんわりとまぁ〜るい印象で終えるような挨拶をします。

挨拶

「いかがでしたでしょうか。人生70歳でお迎えが来たときは、留守だと言え。人生80歳でお迎えが来たときは、まだ早いと言え。人生90歳でお迎えが来たときは、検討するから出直して来いと言え。人生100歳でお迎えが来たときは、そのときが来たら、こちらから出向くと言え。皆様この意気で“元気”と“現金”を大切に100歳まで頑張りましょう。

商品についてご不明な点がございましたら、お近くの係員が個別にお伺い申し上げますので、お気軽にお声をかけてください。本日は〜へのご参加ありがとうございました」。

このオーソドックス型は、根拠理由を詳細に説明したいケース、新商品のプレゼン、商品の説明、会議での報告などに向いています。

Work ―ワーク

この例の音声チェック

参加者は、シニア中心ですので、和やかムードが大切です。ときどきユーモアも交えながら楽しく進行させましょう。

マイクがないときは一番うしろの人まで聞こえるような大きな声で、ゆっくりと話します。参加者の中には補聴器の方もいるかもしれません。補聴器から通して聞く声は、自然の音色よりも高く聞こえますので、声は落ち着いたトーンに心がけましょう。

シニア向けへのお金の話だけに、とにかくシニアの視点からわかるように易しく説明しましょう。そのためにも、聞き手の反応をうかがいながら、聞き手が話の内容をゆっくりと理解できるように、随所に「間」を取り入れ、難しい言葉は、他の言葉に置き換えたり、繰り返して言うなどしましょう。

話の「オチの言い方」は「**ゲンキ**（元気）です」の「**ゲンキ**」です。次にオチがくるので、印象に残るように、強調して言います。「二番目に大切なのは、**ゲンキ・ン**（現金）です」の「**ゲンキ**・ン」は「**ゲンキ「間」ン**」と、オチの「**ン**」の前で「間」をとります。

この「間」は、聞き手が、あれ？　一番目に大切な「ゲンキ」と同じ？　と思わせておく演出ですので、楽しく演じてください。

オチの言い方は、他の場合でも同じですので、遊び心でどんどん活用しましょう。

「？」と「！」で聞き手を惹きつけるエンターテインメント型

インパクトのある演出で聞き手を引き込むスタイルですので、決まった型はありません。

基本は、聞き手に「えっ？！」と思わせ、興味を抱いてもらった上で、「実は、～」と話し始めます。

ここでも「間」を使います。ここで使う「間」の効果は、聞き手に、期待や興味を抱かせ、聞き手の関心を引き寄せるための演出です。

「?」と「!」を上手に使うスタイルの方程式

- **「これ、何だかわかりますか?」「こんな場合、あなたならどうしますか?」**

と問いかけ、「間」をあけて、聞き手に考えてもらいます。

- **「実は、●●なんです!」**

聞き手を「え〜!」と驚かせて引き込みます。

- **「そんなときは●●すればいいんです!」**

聞き手が「へーそうなんだ」と思っているのを受けて、

- **「なぜなら●●だからです」**

と、その根拠理由を説明します。

- **「このように●●です」**

と、さらに具体例、実証場面も見せ、なるほどと思わせて、

- **「だから、答えは●●です!!」**

の流れです。7つの表現スキルを総動員して楽しく伝えましょう。

Example 一例

「商品開発部すぐやる課の、のざきと申します」

- 「『Q-101プロジェクト　春のキャンペーン商品』として、私がご提案するのは、これです！」と言って、いきなり企画見本そのものを提示します。
- 「これ、何だと思いますか？」

ここで十分な「間」をとり、聞き手の反応をうかがいます。

- 「実は、これ、目覚まし時計なんです」。聞き手は、へ〜、目覚まし時計？！　目覚まし時計っぽくないけれど、そうなんだ、と思います。
- 「本当にこれ目覚まし時計？　と思った方のために、セットした時間に鳴らしてみますね」。目覚まし時計から聞こえてきたのは“まだ寝てな”という優しい声です。当然のごとく、えー、目覚まし時計なのに、なぜ“まだ寝てな”なの？　と思います。そこですかさず、「あっそうだ！　この時計は15分進めてあるので、まだ寝ていても大丈夫と、また夢の中に入っていきます」。えっ、寝ちゃだめでしょ、と聞き手は思います。すると、またまた目覚まし時計が“まだ寝てな”と言います。その声は先ほどより大きな声です。
- 「このように楽しい商品内容です」と、説明を続けます。

「あ〜もうそろそろ起きなくてはいけないなと思いながらも、まだグズグズしていますと“**まだ寝てな！**”と部屋中に響き渡る大声で叫ぶので、とても寝ていられないという、楽しい目覚まし時計です。

春は始まりの季節です。一人暮らしを始めるフレッシュマン、単身赴任の方には、こんな楽しいグッズが喜ばれると思います。

『Q-101プロジェクト　春のキャンペーン商品』として、私はこの目覚まし時計を提案します。

キャンペーン期間中に当社とご契約いただいた方へのプレゼントとしていかがでしょうか？（以降略します）」

※遊び心が通じるスピーチ、プレゼンの場合、ときには「？」と「！」で聞き手を惹きつけるエンターテインメント型を応用すると効果的です。

聴衆を引き込むちょっとした裏ワザ

スピーチ、プレゼン、講演、研修で聞き手を引き込む演出は、他にもこんなものがあります。

- 派手な衣装で登場し、あっと驚かせて、一気に引き込む
- 音楽、映像を加え、雰囲気を盛り上げる
- ゲームなど遊び心のあるワークで楽しみながら学習してもらう
- 寸劇などで演出し、ストーリー仕立てで説明する
- 具体例は、会話形式でわかりやすく。話のメリハリも出る

- ジェスチャーや手の動きを活用する。手話などを取り込むのもよい
- ときには、客席に入り込み、聴衆と交わったり、うしろから登場するなど予想を裏切る言動で気を引く
- クイズなどを出し、考えてもらう。大勢の場合は挙手で答えてもらうのもよいし、少人数の場合は名指しで答えてもらうのもよい
- 聞き手は、方法論だけでは興味を示さない。実話や失敗談なども織り込む
- 新聞、雑誌、詩、有名な言葉などから引用し読み上げる

本や新聞からの一節、雑誌からのコメント、手紙、本から気に入ったフレーズなどを取り入れることで、ずばり的を射た話、実例を盛り込むことができ、話の広がりが出てきます。また、話の調子と、読みの調子は違いますから、メリハリも出てきます。

- ステージがある場合でしたら、踊り、パントマイム、ローラースケートでの登場など、さらなるパフォーマンスで様々な演出ができます。

5 話のかくし味に「YOU MORE ユーモア」

話のかくし味として「ユーモア」は日常会話はもちろんのこと、スピーチ、プレゼンではさらにその効果を発揮します。

会場の雰囲気を盛り上げ話し手と聞き手の距離を縮める

落語に「話のまくら」というのがあります。聞き手がまだ心を開かないうちに、突然本題に入ってしまいますと、その場の空気に馴染めません。聞き手が本題に入りやすくするための工夫の一つです。

スピーチ、プレゼンも同じで、このまくらの部分で、自己紹介や時事ネタなどを話しますが、ここにユーモアが入りますと、話し手と聞き手の距離がぐっと近くなります。いわゆる「つかみ」です。

Example —例

落語のまくらからです。

お囃子の音と共に登場したその落語家、高座に上がると、盛大な拍手が鳴り止むのを待っています。拍手も鳴り止み、観客はさて何を話すだろうとじっと注視していますが、落語家は場内をぐるっと見回し、余裕の表情ですぐには語り始めません。
場内はシーンと静まり返っています。
と、落語家はゆっくり「え〜」と言うと、ちょっと「間」をおき「帰ろうかな」と一言ぽつり。
と同時にどっと笑いが起こり、会場は一つになり盛り上がります。
さすが名人です。「間」で笑わせるとは相当高度な技です。この「間」のタイミング、早すぎても遅すぎてもいけません。丁度のタイミングでないと、笑いが起きません。
そして何よりも、誰もが緊張しているスタートで、これほど余裕のある演出ができるのは、名人ならではの芸ですね。

スタートの挨拶で会場を賑わした例ではこんなものもあります。

Example 一例

アメリカの名門ニューヨーク大学の卒業式での名優によるスピーチです。
名優は壇上に上がると「おっと、スピーチを書いた紙はどこだっけ？」と慌てたようにポケットから紙をとり出すと、その紙で鼻をかむという、名優ならではのなんとも楽しいパフォーマンスでスタートしました。その後も数々の名言を笑いと共に贈り話題を呼んだそうです。

これまたユーモア効果を心得た、さすが名優ならではの演出です。

Example 一例

ある大物著名人のインタビュー番組での例です。

本番スタート直前で、その大物著名人はネクタイに手をかけながら、あたかも自分の服装に乱れがないか心配しているかのごとく、このように言ったのです。

「服装大丈夫かな？」。ディレクターからＯＫサインがきました。

それを受けて、彼は次にこのように言いました。

「ヘアースタイルは大丈夫かな？」

と、そこでどっと笑いが起きました。

何故だかわかりますか？　そう、彼の頭は髪の毛が1本もなかったからです。

その大物著名人の気分を損ねないようにと緊張していたインタビュアーも、思わずにっこり。彼の一言でインタビューは和やかな雰囲気で始まったのです。

一昔前のモテる男性の条件は、高学歴・高収入・高身長でしたが、近頃のモテる男性の条件は、美味しい料理が作れること。そしてユーモアがあることだそうです。

スピーチ・プレゼンのみならずユーモアは、プラス効果です。

チェンジオブエアーに役立つ

難しい内容のお話は、聞き手を疲れさせます。本題ばかりをストレートに長時間話していますと、その場の空気も重くなります。

そんなときにはあえて話題を転じて、ちょっと楽しい話をします。そこで笑いが起こりますと、その場の空気も入れ替わります。

そこで「あれっ、どこまでお話ししてましたっけ？」などと言い、また本題に戻ればいいのです。

人間関係の「潤滑油」となる

病の痛み緩和にも、ユーモアが活用されています。そもそもユーモアとは、相手をリラックスさせることで、心身の緊張や痛みを抱えている相手を喜ばせようとする、思いやりの一つでもあります。

ユーモアは「コミュニケーション脳」発の人間関係の潤滑油です。

「YOU MORE ユーモア」皆さんもぜひ！

6 コンパクトでインパクトのある自己紹介をしよう！

最後は、機会が多い自己紹介についてです。

自己紹介は最たる自分表現です。出会いのチャンスを、次の発展に活かせるように、好印象が残るようにしましょう。

ただ淡々とどうということのない話で終えてしまうのではなく、自己紹介のあとに、あの人面白そうだから個人的に話してみたいと、聞き手に興味を起こさせることが大切です。

多くの場合自己紹介は1分程度、長くても3分です。これからひとり1時間ずつ自己紹介をお願いしますというケースはまずありません。

短い時間内で、聞き手に興味を起こさせるためには、コンパクトでインパクトのある自己紹介の演出が求められます。

そのためにどのような点に心がければよいでしょうか。

フォーマルなビジネスの場面では、名刺交換程度の自己紹介でしょうが、宴会、二次会、パーティー、など、くだけた場面では思いっきり楽しいパフォーマンスが喜ばれます。サークル、婚活なら、自分を覚えてもらうための工夫も大事です。

お決まりパターンではなく、ユーモアを入れて思いっきり個性的に、自分らしくアピールしましょう。

自己紹介は自分のプレゼン

自己紹介は自分のＰＲをするチャンスです。絶対に伝えたいことをまとめておきましょう。

名前を覚えてもらう

自己紹介で絶対伝えたいことの一番は、なんといっても自分の名前です。事実、名前を言い忘れる方は滅多にいません。

しかし、大勢の人前ですと、スピーチのスタートだけに多少緊張気味のせいでしょうか、早口にささっと言ってしまう人が案外多く、伝わっていないのです。

名前をきちんと伝えるには、すでに何回もお伝えしております「プロミネンス」の表現スキルで強調しましょう。

「ただ今ご紹介いただきました」のあとにすぐ自分の名前を言うのではなく、名前の前で、小さな「間」をとり、**自分の名前を言うときは、少し高く、強く発声し、ゆっくりです。**

Example 一例

ちなみに、私の名前「のざききいこ」は、苗字の「き」と、名前の「き」が連続して、二つめの「き」をしっかり発声しませんと「のざきいこ」になりかねません。そこで私は、

のざき（間）きいこ

と、苗字と名前の間に、ほんのわずかの「間」をとり、名前の「きいこ」の第一音節の「き」の音程を上げ、名前の「き

いこ」のスピードをゆっくり発声し「トーン」を変えています。その意図は、

- **苗字の「き」と名前の「き」がつながらないようにするため。**
- **苗字の「のざき」より名前の「きいこ」を印象づけるため。**

私は自己紹介で、通称「きいこ」ですので、きいこさんと呼んでくださいと添えます。これは苗字よりも名前の「きいこ」を覚えてもらうための戦略的な演出です。

印象に残る名前の紹介をしましょう

例えば、こんな表現はいかがでしょうか。

- **体は太めですが、名前は「細井」です。**
- **足は短いのですが、名前は「永井」です。なが〜いお付き合いをお願いします。**

皆さんなりの名前表現を考えてみましょう。

自分の強みをＰＲする

自分の特技、仕事の紹介、自分ならではの強みなどを知らせましょう。例えば、

私の仕事は「のぞき」です！　いえいえ、「のぞき」と言いましても、あの「のぞき」ではありませんよ。いつもファインダーをのぞいているカメラマンです、と言いながら写真を撮るポーズをすると決まりです。

私の特技は「人をだますことです」と言い、手品での自己紹介も楽しいですね。

その他、自分の仕事がファイナンスの専門家であれば、相続のことで相談に乗れますと伝えてみましょう。1級建築士ならば、設計デザインの相談にも乗れます。ミュージシャンならば、コラボで演奏会をしたいなど、自分の情報を伝えることで、聞き手との新しい展開が生まれるかもしれません。

自分が求めている情報も知らせる

逆に自分が求めている情報を知らせることで、聞き手から嬉しい反応を得られるかもしれません。例えば、講演会、研修のお知らせ。今こんなＮＰＯ活動をしていますが、興味のある人は声をかけてくださいなど。縁は異なものです。どのような人とどのようなつながりができるかわかりません。

遊びやちょっとしたパフォーマンスで印象づける

こんなドッキリの自己紹介がありました。

真夏のオーディションのことでした。求めている人材は、秋のビッグイベントにおけるメインステージの女性タレントでした。

某大手広告代理店は、プロダクション、タレント事務所、劇団、ナレーター事務所と大々的に募集をかけ、応募人数は、なんと3桁のレベルでした。

それほど多い応募者の中で審査員に自分を覚えてもらうた

めには、よほどの演出が必要であろうと、こんな大胆な自己紹介をした女性がいました。

浴衣姿でオーディションに参加したY子さんです。浴衣姿だけでも目立っていましたが、さらに目を引いたのがその美貌です。そしてもっともっと目立ったのが、彼女が突然、浴衣を脱いだことです。

うわぁ〜お、誰もがあっと驚きました。

あっ、すみません、あなたに期待をもたせてしまったかもしれません。

彼女は浴衣の下に、ちゃんと水着を着けていたのです。容姿端麗でタレント性も抜群。確かに誰も忘れはしないパフォーマンスでした。

アカデミー賞の授賞式などでよく見られるのが、ステージに上がるところで、わざと転ぶ、間違える、外すなどです。

ものまね、パントマイム、替え歌などで自己紹介するのも面白いかもしれません。

最後に、スピーチの基本としての、目線は全体に向けて、下を向かずに話すこと。

笑顔を忘れず、明るい爽やかな声で話すこと。

話す姿勢、態度などにも気をつけましょう。

長い人生、自己紹介の機会は幾度となく訪れます。とっさのときにでも堂々とした自己紹介ができるように、いくつかのパターンを作っておくといいですね。

7 まとめ

スピーチ・プレゼンに役立つ 聞き手の心をつかむ伝え方

- 声を出しての練習、しっかりとした事前の準備で、自信につなげている
- 聞き取りやすい声の「アーティキュレーション」「アクセント」
- 聞き心地の良い声の「トーン」「スピード」に心がけている
- 「東大脳」より「コミュニケーション脳」型スピーチ・プレゼンで、聞き手と双方向のコミュニケーションをとりながら話している
- 「間」を最大限に活用し、聞き手を魅了している
- 7つの表現力のコラボでメリハリのある話し方を心がけている
- 「プロミネンス」でキャッチワード・キーワードによる印象づけをしている
- 「エモーション」効果で声にパワーをつけ、心に響く話し方をしている
- 「自分の言葉」で話しているので、説得力がある
- 聴衆に興味・共感・感動を与えるカリスマ性をもっ

ている

- ユーモア、「？」と「！」でインパクトのある演出、聴衆を惹きつける裏ワザで、楽しんでもらえる工夫をしている

Column —コラム

じぶん表現の、はじめの一歩は、「自分開放」

人とうまくコミュニケーションできない。

自分の気持ちや感情を言葉で上手に表現できない。

特に初対面の人とは、何を話せばよいのかわからない。

こういう方のはじめの一歩は「自分開放」です。

自分開放ができていませんと、人と接触するときに、必要以上に自分を意識して緊張してしまったり、身構えてしまったり、警戒してしまったりします。

その緊張や警戒心が、あなたの心にバリケードを張り巡らし、周囲からブロックしてしまいます。

そんな堅苦しいバリケードは、外しましょう！

バリケードを外すための、ちょっとしたきっかけ作りの3つの鍵はこちらです。

1　笑顔コミュニケーション！

自分を開放することが苦手な方は、表情の硬い方が多いですね。そんな方は、なんと言っても笑顔です。

あなたから笑顔になれば、相手もあなたを抵抗なく受け入れてくれます。それで、あなた自身も気分が楽になり、相

手に対する警戒心がなくなります。

これだけでコミュニケーションへの扉が開きます。

2　自分から話しかける

グループの中に積極的に入っていき、自分から声かけをしましょう。きっかけは「こんにちは」のたったひと言だけでもいいのです。難しい会話は必要ありません。

3　自信をもって　そのままのあなたでいよう

こんなことを言ったら、嫌われないかなとか、こんなことを言ったら、馬鹿にされないかなと、人からの評価や価値観に縛られず、あっけらかんとあなたのままでいい！

自分が開放されてくると声も伸び伸びとしてきて、元気で明るい声に変わってきます。

第3章

会議や営業先での説明力アップ！わかりやすく話すための声と言葉の使い方

難しいことを
易しく話すことは
難しい

「発信者の内容≠受信者の内容」が大原則

この章では、上司や顧客先に自分を認めてもらうための「声と言葉の使い方」について勉強していきましょう。

職場でも家庭でも「言った言わない事件」というのがあります。話し手は「あれだけ言ったのに！」との思いですが、聞き手のほうは「いえいえ、聞いていませんよ！」という行き違いです。まず、伝わらない例をいくつか紹介しましょう。

これは本当にあった「えっ、うそ！」のお話です。

田舎から上京した青年が、定食屋さんに入りました。月末で仕送り金も底をついたので、メニューで一番安い「オニオンスライス」を注文しました。

「オニオンスライス」は、すぐテーブルに運ばれてきましたが、ご飯がいつまでたっても運ばれてきません。

青年「あの～ご飯がまだですが…」

定食屋の主人「あれ、ご飯追加注文ですか？」

そこで、青年はやっと気づいたのですね。「オニオンスライス」は「オニオン&ライスのセット」ではないことに。

知っている人からすれば、そんな馬鹿な！　ということですが、知らない人からしても、そんな馬鹿な！　なのです。

これは、知っている人と知らない人の違いです。

もう一つ例を紹介しましょう。

私はナレーション録音の仕事をしています。お客様から指定の原稿をスタジオで読み上げ、収録する仕事です。

原稿をもらうときは「難しい漢字には必ずルビをふってくださいね」といつもお願いします。が、あるとき地方のお客様から届いた原稿を見て、思わず苦笑しました。

私がお願いした必ずルビをふってほしい難しい漢字とは、辞書には載っていない商品名、専門用語、固有名詞を意味したのです。

ところが、お客様から届いた原稿のルビは、なんと普通に読める常用漢字にルビがふられ、肝心の商品名、専門用語、その地方の地名などにはルビがふられていなかったのです。

つまり、お客様からすれば、商品名、専門用語は、毎日社内で使っている馴染みのある言葉であり、地名は、その地では当然誰もが知っている言葉です。そこで、難しいと思われる常用漢字にルビをふってきたのです。

この勘違い、お互いまったく発想外のことでした。

このような行き違い、勘違いはほんの一例です。

そもそもなぜ伝わらないのでしょうか。

行き違いには大きくわけて、3つの要因があります。

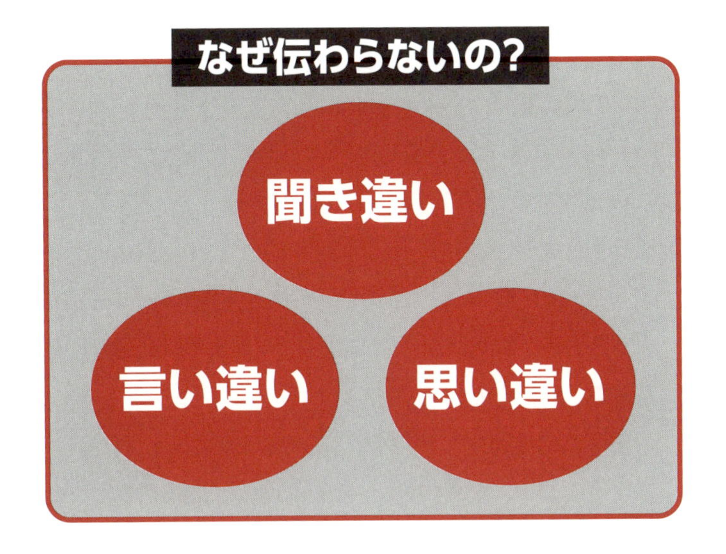

聞き違い

これは、話し手の声が小さい、歯切れが悪くて何を言っているのかよくわからなかったということから起こります。このような要因は、第二の表現スキル「トーン」と第三の表現スキル「アーティキュレーション」と「アクセント」で解決ができます。

言い違い

これは話し手の言い違い、あるいは説明不足から起こりますが、話し手自身がそのことに気づいていないので、「え〜そんなこと言った?」というケースが多いですね。

思い違い

聞き手は話し手の内容を確かに耳では聞き取っているのですが、頭の中で、あるいは心の中で無意識に違った解釈をしてしまっているケースです。

この無意識の犯人は、

- **「いつも〜だから」「どうせ〜だから」「この人は〜だから」と聞き手側が勝手な判断をしてしまう思い込み、先入観、風評など**
- **相手に対するマイナス感情からくる、ネガティブな解釈**
- **視点の違い、立場の違い、認識の違い、環境の違い、価値観の違い、習慣の違いなどから起こる行き違いなど**

まずは「発信者の内容≠受信者の内容」であることを肝に銘じましょう。話の内容の決定権は、あくまでも聞き手にあるのです。

自分の話した内容がそのまま相手に伝わっているとは限りません。

だからこそ、聞き手に伝わる話し方が大切なのです。言ったつもり、聞いたつもりの“ツモリケーション”ではなく、きちんと伝わる“コミュニケーション”にするためにはどうしたらよいのでしょうか。

聞き手の周波数にあわせよう

まずは聞き手を意識しましょう。

聞き手がクライアントなのか、上司なのか、部下なのか、業者なのか、あるいはエンドユーザーか、高齢者なのか、子どもなのか、聞き手の知識、情報量、聞き手のレベルにあわせて話すことが大切です。

聞いてもらい、その上で理解してもらうことは意外と大変なのです。

例えば、親が子どものためと思い注意をしても、子どもにすればうるさいなと思うだけ。親の注意は子どもにとっては小言なのです。

嫌いな上司からのアドバイスは、部下にとってはお説教。いくら箴言(しんげん)でも、その言葉の重要さがわからなければ、聞いているふりをするだけで、せっかくの教訓も猫に小判、豚に真珠です。

みなさんご存知の池上彰さん。難しい政治経済のニュースを、誰もがわかるように、易しく話してくれるので人気者ですよね。

さらに池上さんは、聞き手が質問してくるであろうことを前もって想定し、補足説明を加えながら話を進めていきます。聞き手の基本的な質問に対しては「いい質問ですね！」と、聞き手の疑問点を解釈してから次に進んでいくので、難しい政治経済の話も途中でわからなくなることがなく、ついていけるのです。

ところが多くの人は、聞き手にわかるように話すというより、ついつい自分の視点から話してしまいがちです。

肩書がやたら凄い学者でも、早口で意味不明の話をされたら理解不能です。パソコン上でトラブルが起きると、ひょっこり現れるあの訳のわからないヘルプのようです。アナログな私は、ヘルプの説明を読んでもわからず、ヘルプのヘルプが欲しい！　と、いつも痛感しています。

その道のプロからすれば、もはや当然の知識でも、専門分野外の人には、まったくもって高等レベルの域なのです。

わからない人が、わかっている人のレベルには上がっていけないのです。

ですから、池上彰さんのように、**わかっている人が、わからない人のレベルにあわせて話してあげることで、初めて伝わるのです。**相手にわかる言葉で話しましょう。

- **ノンプロは、易しいことを難しく話します**
- **セミプロは、難しいことを難しく話します**
- **そして、プロは、難しいことを易しく話します**

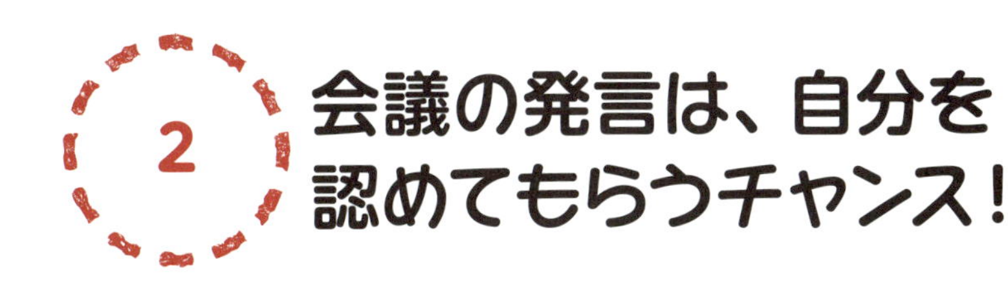

2 会議の発言は、自分を認めてもらうチャンス！

会議での発言が苦手という人が結構います。苦手意識の理由は、

- 会議の議論そのものがよくわからないので、発言のしようがない
- 間違った発言をして恥ずかしい思いをしたくない
- 反対されると思うと発言を控えるほうが無難
- 上司中心で話しているので、自分の意見など言えない
- 発言のタイミングがつかめない

などです。

会議での発言ができるようにするためには、事前に会議についてのテーマを勉強しておくことです。自分の意見がすぐ言えなくても、事前準備をすることで、他の人の意見が理解できるようになり、話の内容に興味を持って、主体的に参加できるようになっていきます。

会議での発言が多い人は、仕事のできる人と見られます。会議での発言が認められれば、上司や周囲の評価も変わってきますので、積極的な姿勢で臨みましょう。

それでは、会議での発言の仕方について、行き違い、勘違いのないようなわかりやすい話し方をいくつか紹介します。

ここだけはおさえておきたい「発言の仕方」

説明の前に挨拶をする

他の人が話しているのに、いきなり大きな声で割り込んできて自分の意見を言う傍若無人な人がいます。こういう人は社会人として洗練されていない人です。

そのような発言の仕方では、どれほど立派なことを言っても説得力がありません。まずは「発言してもよろしいでしょうか」のノックをしましょう。

挙手をして司会者に、どうぞと言われたら、初めて発言ができるのです。

自社以外の人、初対面の人も交えての会議や打ち合わせでは最初に自己紹介をします。

「●●会社○○課の◆◆です。よろしくお願いします」

自分の意見は、挨拶のあとから説明します。

やわらかい反対意見の言い方

ときには自分の意見をきっちりと言うことも大切です。対立を避けていつも相手に唯々諾々とした態度も考えものです。あなたの意見を伝えることで逆に「君はそういう考え方だったのか」と、正しく理解してもらうきっかけになるかもしれません。対立ではなく、理解を求める言い方で伝えましょう。

- **「○○さんのご意見はよくわかりますが、このようにも**

考えられませんか」

- **「なるほどそうですね。でもこういった視点からもとらえられませんでしょうか」**
- **「おっしゃることはわかりますが、このような意見もあります」**

反対意見を述べるときは、声のトーンに気をつけて、ストレートなものの言い方は避けましょう。

「スッキリ・ユックリ・ハッキリ」3つの「リ」で万全に

会議や営業先での打ち合わせにおける説明は、3つの「リ」で行いましょう。

わかりやすく伝えるための、3つの「リ」とは、

①スッキ「リ」

②ユック「リ」

③ハッキ「リ」

です。

わかりやすい話し方

スッキリ

- 話の筋の一貫性
- 簡潔に話す
- まとまった話はまとめた話

ユックリ

- 早口にならないように話す

ハッキリ

- 歯切れよく話す

スッキ「リ」

一度に多くのことを言おうとすると「結局何が言いたいの？」と、聞き手は混乱します。話の内容は、話す前に自分の中で整理して、スッキリ伝えることが大切です。

具体例で、スッキリ話すためのパターンを紹介します。

まとまった話はまとめた話

- **一番先に伝えたいことを切り出す**

  「今日は、○○について説明します」

- **結論から話す**

  「結論から申し上げますと〜」

- **整理してから話す**

  「まとめますと、○○です」

簡潔に話す

こんな話し方は要注意です。

新人のA子さんが、K社より音声ガイダンスの依頼を受けました。

Example 一例

悪いパターン

「K社より、音声ガイダンスの収録をしたいけど〜〜、納期を急いでいて〜〜、編集データを今週末までに〜〜、送ってもらえるかどうかと〜〜、スケジュール的にきついですよね〜〜。でも〜〜K社にはお世話になっているから〜〜なんとかしたいのですが〜〜、ただ、予算も厳しくて〜〜、どうしましょうか〜〜？」

こういう場合は、

- **一文を短くする**
- **「○○ですけど〜」「○○ですし〜」「それで〜」「だから〜」「よね〜」「そして」「それに」「ただし」「でも」などの接続語でだらだらと続けて話さない**

などに気をつけ、簡潔に話すスタイルに改善してみましょう。

Example 一例

よいパターン

「K社より、音声ガイダンスの依頼がありました。納期は今週の10日まで。予算は○○です。いかがいたしましょうか」

簡潔に話す言い方は「ひと言で説明しますと、○○です」がわかりやすいです。

- **要点は1〜3にしぼる**

ひと言が厳しい場合でも、せいぜい要点は3つにしぼりましょう。その場合は、2章で紹介したナンバリングで説明するとスッキリします。

※表現スキル「ナンバリング」は、90ページを参照してください。

話の筋の一貫性

話の筋の一貫性を通すには、こんなことに気をつけましょう。

- **目的をおさえて話す…相手に伝えたいことは何かを意識する**
- **根拠をきちんと話す**

「私は〜と思います。その理由は●●です」

この場合、グラフ、図、写真の他、きちんとしたデータを添付すると説得力が増します。また、データの出所も（○○新聞△年△月△日より）記載されていますと完璧です。

- **論理的に話す**

5W3Hで、話の骨組みを決めて話すと、話のポイントをおさえられ、わかりやすいです。

5W3Hとは、When（いつ）、Where（どこで）、Who（誰が）、What（何を）、Why（なぜ）、How（どのようにして）、How many（どのくらい）、How much（いくらで）です。

ユック「リ」

なぜゆっくり話すことが大切なのかわかりますか。

話し手は当然のことながら、自分で理解していることを話します。一方聞き手は、話し手の内容を初めて聞きます。まずは耳でキャッチして、頭で理解して、イメージを働かせながら解釈していきますので、話し手と聞き手の間には、時差が生じます。

次に、耳でキャッチした言葉を頭で理解します。しかし、ここでわからない言葉、聞き取れなかった言葉、ごちゃごちゃとしてまとまっていない話の内容があると、頭の中で言葉が渋滞してしまいます。

頭の中で渋滞した言葉を交通整理できていないところに、次の新しい言葉が入ってくると、理解できないまままますます混乱します。

それでもお構いなしに一方的に機関銃のように話し手が話し続けると、言葉は、聞き手の耳を通過するだけで、結果伝わらなくなってしまうのです。

※表現スキル　声の「トーン」と「スピード」を活用しよう。

この言葉たちは
どういう意味？
言葉
言葉
言葉
早く
行ってよ！
あっ、
押さないで！
次
行くよ〜
ちょっとまって〜…
あのさぁ
だから〜
言葉
言葉
言葉
言葉
言葉の渋滞が発生
それでー
前が
つかえているから
進めないよ！
もっとスッキリ・
ユックリ・ハッキリ
伝えてほしいな
ゴミ箱

聞き手のメリット

- 聞き手が聞き取りやすい
- 聞き手がその言葉の意味をユックリ理解できる
- 聞き手がその言葉から、話の世界、商品の内容をイメージしやすい

話し手のメリット

- 伝えたい言葉を、聞き手に印象づけることができる
- 話すことに終始しないで、表現できる余裕が生まれる
- 自分の言葉を確認しながら話すことができる
- 聞き手の表情を読み取れ、聞き手の理解度を確認しながら、話を進められる

One Point —ワンポイント

早口の人は、聞き手がユックリ理解できるようにするために「間」を使いましょう。結果、あなたの話が伝わらなくては残念ですからね。

ハッキ「リ」

ハッキリ話すコツは「アーティキュレーション」と「アクセント」に気をつけることです。実践の場で、聞き違いが起こりやすい言葉の例を挙げてみましょう。

聞き違いが起こりやすい言葉の伝え方

新人のKさん。初めての営業成果を喜んだのもつかの間で、とんだ失敗をしてしまいました。「17ケース」の注文のところ「11ケース」しか納品しなかったのです。

確かに、数字の「1」と「7」は、目でみると大きく違いますが、音だけで聞くと、聞き間違いが起こりやすい言葉の一つです。

「7」の音をローマ字にすると「shi chi」となりますが、「sh」の音はもともと聞き取りづらい音なので、「sh」がはっきりしないと「ichi」だけが耳に残り、「1」と聞き間違えてしまうことがあります。

「7」は、「シチ」よりも「ナナ」と言うほうが間違いは少ないですが、聞き手も確認が必要ですね。

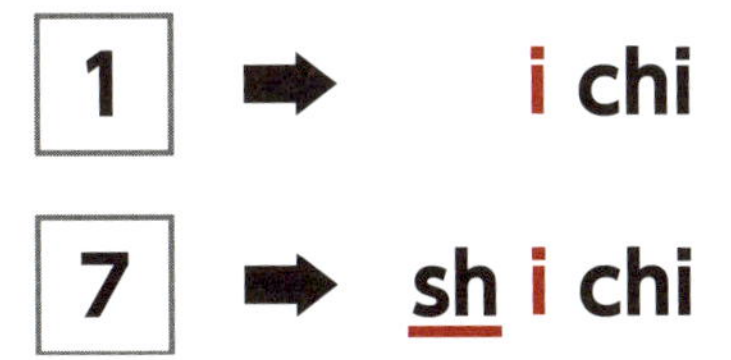

また、聞き間違いやすい言葉・聞き取りづらい言葉の場合は、誰もが知っている言葉に置き換えるとわかりやすいですね。

特に、聞き間違いやすい言葉には、こんなものがあります。

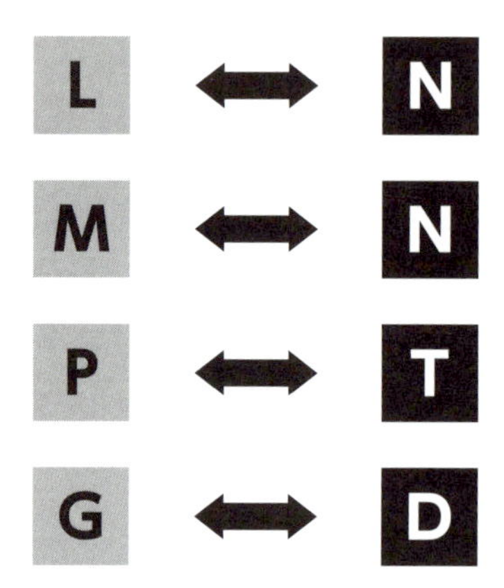

- LとN　：ロンドンのL、ニューヨークのN
- MとN：モーニングのM、ナイトのN
- PとT　：パリのP、東京のT
- GとD：ギリシャのG、デンマークのD
- ZとG：しまうまのゼブラのZ、ゴリラのG

などのように、他の言葉に例えて伝えると、聞き間違いが少なくなります。

メールアドレス、ホームページのＵＲＬなどを伝えるときに活用しましょう。

同音異義語の伝え方

同音異義語とは、音声で聞くと同じものの、意味がまったく違う言葉です。私立と市立ともに「シリツ」ですが、意味はまったく違います。

このような場合は、「ワタクシリツ」「イチリツ」と言ったほうが間違いが起きません。

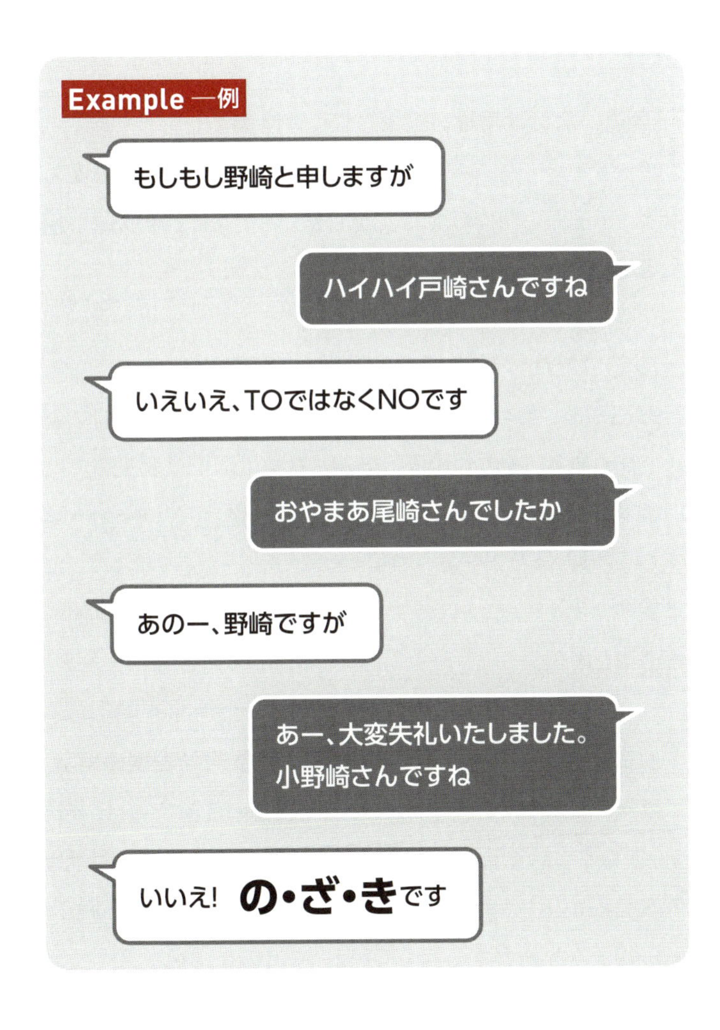

一度聞いただけでは「？」の言葉の伝え方

また一度聞いただけでは、わかりづらい言葉の伝え方にも要注意です。

一度聞いただけでは、記憶しにくい言葉

メールアドレス、ホームページのＵＲＬ、商品No、携帯番号など、一度聞いただけでは記憶しにくい言葉は、**繰り返し言いましょう。**

一度聞いただけでは、理解が難しい言葉

専門用語、初めて耳にする商品名、難しい病名、略語、初めて聞く地名、その他の固有名詞、日常生活では馴染みのない言葉などは、**他の易しい言葉に置き換えて、もう一度言い直す**と伝わりやすいですね。

※表現スキル　「トーン」「スピード」「アーティキュレーション」を活用しよう。

一度聞いただけでは、曖昧な表現、抽象的な表現の言葉

カーナビのスペイン語ヴァージョン制作のときです。日本語で「まもなく高速道路に入ります」のコメントを収録する際、スペイン語のネイティヴナレーターが「まもなく」だと、1キロ先か10キロ先かわからなくてかえって不安だから、スペインではそのような表現はあまりしないとのことでした。

「まもなく」の言葉は、日本ではよく使われる言葉です。しかし、スペイン語のネイティヴナレーターの言うとおり、確かに「まもなく」は曖昧な言葉ですね。

また、とても大きい〜、ものすごく重い〜、かなり広い〜、たくさんの〜、少しの〜、などの表現も、人によりイメージが異なりますので行き違いの原因となります。

「なんだ、たくさんあるって聞いたので用意しなかったのに、これでは足りないな」

「なんだ、かなり広いと聞いていたが、狭くて入りきれないな」

「少し歩くって聞いたけれど、もう20分も歩いているよ」などがそうです。

曖昧な表現は避け、具体的に話すことが望まれます。「大きい」、「小さい」、「重い」、「軽い」、「広い」、「狭い」など**数値化できる言葉は数字で表します。**数値化できないものは東京ドーム10個分の広さとか、大きなダンボール1箱分のみかんとか、**聞き手が具体的にイメージできるように表現**しましょう。

One Point —ワンポイント

「約」の発声について

「約3リットルです」など数字を伝えるときの「約」は音声にすると「ヤク」ですが「ヒャク(100)」に聞き間違われるリスクがあるので「およそ」と言ったほうが無難です。

Example 一例

抽象的な表現から、具体的な表現へ変えよう

「お酒を飲みますか？」

保健衛生士が、ふたりの男性へ質問をしました。一人は、体育会系のMR（医薬情報担当者）、マッチョ。もう一人は、草食系のどことなく頼りない感じのMR、インテリ。

二人の返事はともに「ええ、まぁ〜多少」でした。

さて、この保健衛生士の質問の仕方のどこがいけないかわかりますか？

回答をより具体的にするにはどのようにしますか？

このようにしたらいかがでしょうか。

「お酒は、週に何回、どのくらいの量を飲みますか？」

「週何回」と「どのくらいの量」の言葉を補足したことで、かなり具体的になります。

ところで、体育会系のMR、マッチョの回答は、週に1回程度。ワインをグラスに1杯とのこと。一方、草食系のMR、インテリは毎晩、ワインをボトル半分。多いときは1本とのこと。「ええ、まぁ〜多少」という二人の返事の中身には大差がありましたね。

人の基準は様々です。具体的に表現しないと相手も具体的に回答できません。

3 「フレージング」でわかりやすく伝える

私は、仕事柄テレビは観るというより、テレビから流れてくる音声にのみ注意を向けて耳を傾けることがあります。そのほうが画面に影響されずに音声を聞きわけることができるからです。

ある日、いつものようにテレビをつけたまま、キッチンで料理をしていたときです。

テレビから意味不明のＣＭコメントが流れてきました。「〜泊まっているから〜」

「えっ？」最初は自分がよく聞き取れなかったからだと思いました。しかし、その後何度も聞いても「〜泊まっているから〜」と聞こえてしまいます。

ビールのＣＭでしたので、〜は人ではなく、商品名のはずです。だとしたら、ビールが泊まるってどこに泊まるの？　日本語としておかしい！　と頭の片隅で長いことくすぶっていたのです。

このＣＭをご存知の方はすでにお気づきですよね。あの美しい女優さんが、商品をかかげて、出掛ける夫を見送るときに「〜と待っているから〜」と叫ぶシーンのあのセリフです。そう、正しくは「〜泊まっているから〜」ではなく「〜と待っているから〜」だったのです。

なぜこのような聞き違いが生じたのかと言いますと、音声だけで聞くと「〜泊まっているから〜」も「〜と待っているから〜」も「〜トマッテイルカラ〜」でまったく同じだからです。

映像と一緒に観ていますと気づかないこの手の間違い、世の中に蔓延してますので要注意です。

このような場合の伝え方は、「〜と∧待ってる！」と、ブレスでフレージングすることでわかりやすく伝えることができます。

※ブレスは∧マークで表示します。

音声ガイダンスの「スッキリ・ユックリ・ハッキリ」はわかりやすい

音声ガイダンスは、スッキリ・ユックリ・ハッキリの見本です。音声ガイダンスとは、皆さんの生活の中で馴染みのあるもので紹介しますと、「お風呂が沸きました」の給湯器、エアコン、冷蔵庫、炊飯器、ＩＨグリルなど家電商品に組み込まれているメッセージ、銀行のＡＴＭ、カーナビ、時報、企業のインフォメーションガイダンス、交通機関のアナウンスなどです。

その中のカーナビで簡単に説明します。音声ガイダンスは、音声を一つずつ、ばらして組み替えることができるようにフレージングを行っています。

「この先∧右折（左折）です」

この音声ガイダンスでは「この先」の言葉が、右折でも左折でも使えるように、「この先」のあとであえてフレージングを行い、コンピューターが組み替えやすいようにしています。

29ページの「フレージング」の中で、「フレージング」をすることで次の言葉が新しく始まり、文頭の音は、通常高い音から始まるので、その文頭から始まる言葉が強調されることを説明しました。

「この先∧右折（左折）です」の文章ですと、「この先」のあとでフレージングをすることで「右折」「左折」の言葉が強調され、非常にわかりやすくなります。

「3キロ先∧銀座です」の場合も同様です。

「3キロ先」の言葉のあとでフレージングをすることで「銀座」の言葉が強調され、わかりやすくなります。このように、

- **音声ガイダンスは音声を合成する必要上、またメッセージを確実に伝えるという目的から、ユックリめのトーンで統一します。**
- **一つのフレーズが短いためにスッキリしています。**
- **フレージングをすることで、それぞれの言葉が強調され、ハッキリしてわかりやすいのです。**

音声ガイダンスは、いわゆる音声ガイダンス調という独特のリズムとなりますので、ナレーションとしてどうかは別問題としまして、非常にわかりやすい典型例であることは間違いないです。

この応用例が、5W3Hで説明するときに使えます。しっか

りと伝えたいときは音声ガイダンス調に、それぞれの言葉の前でフレージングを行えばいいのです。

※表現スキル　わかりやすく伝えるために「フレージング」を活用しよう。

Work —ワーク

会議での説明演習

上司より秘書宛てにメールが入りました。上司は急遽会議に出席できなくなったので、メールの内容を会議で説明するように言われました。

メール文は以下のとおりです。

> from:社長
> to:あなた
> 「本日E会社の安倍さんとF会社の小池さん2社訪問するので帰社時間が遅くなり会議に出席できません。Q-101プロジェクトの企画書を企画概要と企画意図およびその効果などを記載し、来週末までに提出するようにとの指示を会議で皆さんに伝えてください。今回の企画内容は春のキャンペーン商品です。斬新なアイデア歓迎です。企画採用者には後日プレゼンを行ってもらいます」

さて、あなたが秘書だった場合、何から作業しますか。以下の手順でまとめてみてください。

- 伝えたいことは「Q-101プロジェクト・春のキャンペーン商品」の企画募集です。
- 適切なフレージングをしながら、メール文の内容を口頭で伝えるメッセージ文に書き換えてください。
- 絶対伝えなければいけない重要な言葉は何でしょうか？

それを明確にするために、以下のようにメール文の内容を、口頭で伝えるメッセージ文に書き換えました。フレージングの場所はブレスマークの「∧」で表示しました。絶対伝えなければいけない言葉は、太字で記載しました。

本日社長は∧E会社の安倍さんとF会社の小池さん∧2社を訪問され∧帰社時間が遅くなりますので会議に出席できません。∧代わりましてわたくし∧のざきが社長のメッセージをお伝えします。

「Q-101プロジェクト∧春のキャンペーン商品」の企画募集をします。

企画募集要項は∧**3つ**です。

1　企画概要∧2　企画意図∧3　期待される効果　です。

提出期限は∧**10月20日∧18時までに∧のざき宛て**提出してください。

もう一度申し上げます。∧**Q-101プロジェクト∧春のキャンペーン商品の企画書は∧企画概要∧企画意図∧期待される効果の∧3項目にまとめて∧10月20日∧18時までに∧のざき宛て**提出願います。

斬新なアイディア大歓迎です。∧企画採用者には後日プレゼンの機会がありますので、頑張ってください。

この文のフレージングポイントは、2箇所です。一番目は「E会社の安倍さんとF会社の小池さん2社訪問する」です。これを「E会社の安倍さんと∧F会社の小池さん2社訪問する」とフレージングしてしまいますと、E会社の安倍さんと一緒にF会社の小池さんを訪問した意味にもとられてしまい、2社の訪問の意味合いも違ってきます。

音声メッセージで「E会社の安倍さんとF会社の小池さん∧2社を訪問され」と表示したように「E会社の安倍さんとF会社の小池さん」までは、つなげて1文扱いに話します。E会社の安倍さんと一緒にF会社の小池さんを訪問した意味に誤解されないように、さらに「2社を訪問され」の前であえてフレージングをしました。「2社」の前でフレージングしたことで、「2社」の言葉が強調され、聞き手にわかりやすいからです。

次に、企画募集の課題項目は大切なのでしっかりと伝えてください。企画内容、企画意図、期待される効果を、一つひとつ、ナンバリングで説明すると、聞き手の印象に残りやすく効果的です。

※第1章で紹介しました「プロミネンスの表現スキル」を活用し、他の言葉より強調しましょう。

音声にして伝えるときのポイント

- **「フレージング」は、音声ではブレス（息継ぎ）で行われます。ブレスをすることで、自然と「フレージング」が行われます。**
- **強調する言葉は、太字です。**

以下文節ごとに説明します。

本日社長は∧E会社の安倍さんとF会社の小池さん∧2社を訪問され∧帰社時間が遅くなりますので会議に出席できません。∧代わりましてわたくし∧のざきが社長のメッセージをお伝えします。

ここまでは、普通のスピードで、さらっと話します。

「Q-101プロジェクト∧春のキャンペーン商品」の企画募集をします。

「Q-101プロジェクト・春のキャンペーン商品」の企画募集は、このメッセージで一番伝えたい言葉です。新聞の見出しのようなものですので、他の文字よりも大きく表現します。音量たっぷりの声でスピードもゆっくり言うことで、「Q-101プロジェクト・春のキャンペーン商品」の言葉が立ってきます。

Q-101プロジェクトは固有名詞ですので、どのような言い方が正しいかは辞書にも載っていません。「101」は、「イチマルイチ」「ワン・オー・ワン」「ひゃくいち」、いろいろな言い方が予想されますので、事前に確認が必要です。

「Q-101プロジェクト」の「Q-」の言い方につきましても同様です。「キュウの101」か「キュウ101」か、ハイフンの音声での表現方法の確認が必要です。また、「Q」は音声だけですと、数字の「9」と同音異義語ですので、ホワイトボードに「Q-101プロジェクト・春のキャンペーン企画」を書くなどして、誤解がないようにしたほうが無難です。

もしかしたら「101プロジェクト」は、「A-101プロジェクト」から「Z-101プロジェクト」まであり、そのうちの「Q-101プロジェクト」かもしれません。その場合「Q」は、他のプロジェクトと区別するためにもおろそかにはできません。

企画募集要項は∧**3つ**です。
1　企画概要∧**2　企画意図**∧**3　期待される効果**です。
提出期限は∧**10月20日**∧**18時までに**∧**のざき宛て**提出してください。
もう一度申し上げます。∧**Q-101プロジェクト**∧**春のキャンペーン商品の企画書は**∧**企画概要**∧**企画意図**∧**期待される効果の**∧**3項目にまとめて**∧**10月20日**∧**18時までに**∧**のざき宛て**提出願います。

来週末までという社長のメッセージを、より鮮明に伝えるために募集締めきり日時を具体的に説明しています。

音声にして伝えるときのポイントは、音量たっぷりのトーンで声を前に出し、ハッキリ、ユックリです。特に大切な言葉の太字部分は、音声ガイダンスで紹介した「フレージングをすることで、次のそれぞれの言葉が強調され、ハッキリしてわかりやすい」表現スキルを活用しましょう。

企画採用者には後日プレゼンの機会がありますので、頑張ってください。

最後のコメントも最初のコメント同様さらっと伝えます。さらっとのニュアンスですが、無愛想で事務的という意味合いではありません。

全文が太字の言葉と同じ声の調子ですと、伝えたい大切な部分との差異が出てきませんので、メリハリがつかなくなります。また全文に力が入りすぎ、聞いているほうも疲れます。

最初のコメント、最後のコメントは、自分の意見ではありません。社長に代わりお伝えします。頑張ってくださいのニュアンスで、控えめな姿勢でよろしいかと思います。

「本気」は「説得力」

ここまでは、わかりやすく伝えるための声と言葉の使い方を説明してきましたが、ここからは働く姿勢が伝える上で最も大切だということをお話しします。

仕事は、最初から100％成功の保証がついているものばかりではありません。誰にも、もしかしたら？　の不安や、ひょっとしたらのリスクへの懸念が頭の片隅にあるはずです。

この話は、発注者のM社Yさんと、新米社長だった私との仕事のひとこまです。

M社Yさんは、不安やリスクへの懸念は微塵もなく私を信頼してくれていました。私も失敗したらどうしようのプレッシャーをものともせずに信頼に応えました。

ナレーター、声優から、突然会社を立ち上げた私は、創業当初、お金も、人脈も、実績もなく、ただひたすら一生懸命の毎日でした。そんな私にM社Yさんは、時折、M社の業務提携業社がミスした仕事や、とりこぼした仕事を振り分けてくれ、私はYさんに対し、常日頃から感謝の思いで一杯でした。

ただ、ある日のYさんと私の打ち合わせはいつもとはかなり違い、驚くほど桁違いの規模の依頼で、かつまた困難な仕事内容でした。

ひととおりの打ち合わせが済むと、Yさんは真剣な面持ちで「のざきさん、お願いします」と、ひと言。

Yさんが、小さな会社の私にこれほどの仕事を任せてくれる背景には、M社と業務提携業社との間で何らかのトラブルがあったのかもしれません。事情はわかりませんが、私を真正面から見つめて言い切るYさんの力強さに、心をつかまれたのです。

「のざきさん、大丈夫ですか？　大丈夫ですよね？」ではなく「のざきさん、お願いします」の一言に、私は思わずYさんの覚悟の決断を全身で受け止めたのです。

しかし、その仕事内容は実施期間からして非常に難しい状況でした。真正面から見つめて言い切るYさんを見つめながら、私は一瞬固まりました。

M社が声をかければ喜んで引き受けてくれる他の業社もいたはずです。またもし私が失敗したら、Yさんの責任も問われるであろうに、私に大業を任せると言い切ったYさんへの期待に応えようと覚悟の決断をしました。そしてなによりも今までの感謝とご恩のために、この仕事を成功させよう！　との熱い思いでいっぱいになりました。

Yさんと私の見つめあいは、おそらく数秒のことだったのかもしれません。その数秒の緊張の「間」の中で、ふたりは無言のまま、お互いの覚悟の決断を確認しあったのです。外界の音が全てシャットアウトされた緊張の「間」の中の出来事でした。

そして私も「わかりました。宜しくお願いします」の一言。「成功するかどうかわかりませんが～～まぁ、なんとかやってみます」ではなく、覚悟の決断で「YES」と応えました。

ふたりとも本気でした。

本気の声と言葉には、テクニックを超えた説得力があります。

それから数週間、私は死にもの狂いで働き、なんと翌年からM社の業務提携業社の一員になれたのです。

彼女はその後しばらくして、出産のために退社されたのですが、Yさんへの感謝の思いは、一生忘れません。

次の例は、使命感をもって仕事に望んでいる人のお話です。

先日、保証会社F社担当者との間にトラブルが起きました。

私自身のことでしたらともかく、私のクライアントに関わることでしたので、無責任に済ますこともできず、F社担当者に電話で抗議を申し出ました。

F社担当者は、あれこれと言い訳を述べたあとに別の人に代わりました。別の担当者は、それが弊社の規約ですからと言いきり、それ以上は問題解決への話し合いが進まずにいました。

私のクライアントは不快感を露にしていました。私自身も納得がいかず、再度電話をしたときに対応してくれたのが、F社のMさんでした。

Mさんは、ひととおり私の話を聞き終わると「わかりました。事実関係を確認後、改めてご連絡申し上げます」と言い、早速翌日連絡をくれました。

「申し訳ありませんでした。記録を確認いたしましたところ、おっしゃるとおり、こちらに説明不足があったようです。ただ、弊社の規約では対応が難しいのですが、上司にも相談の上かけあってみますので、少しお時間をください」とそれなりの誠意を示してくれました。

Mさんは、F社担当者の説明の不備を、膨大な電話記録からつきとめてくれたようです。私と私のクライアントに問題が発生していることも察知してくれたようです。

それから1週間後、Mさんから連絡がありました。

「今回はイレギュラーケースですが、新たな契約書を取り交わします」

その後1カ月にわたり、何回かにわたる打ち合わせを経て、無事問題解決に至りました。

本当に助かりました。正直保証会社は何社かあり、売り込みも激しいので、これを機会に提携先をF社から、他社へ変えようと思っていた矢先のことでしたが、Mさんの対応で思いとどまりました。感謝です。

Mさんの仕事の素晴らしさは、決してマニュアルどおりのワンパターンで済ませるのではなく、顧客の立場に立ち、精一杯誠実に対応することで、顧客からの信頼感を得ているところです。さらには顧客からの信頼感を勝ち得ることで、自社商品のブランドアップをしていることです。

Mさんは顧客のみならず、上司、部下からも信頼されている期待の若手とのことでした。

福岡在任のMさんとの打ち合わせはすべて電話でしたが、Mさんの誠意、熱意は、きちんと声と言葉の使い方に表れていました。うわべだけの対応だったら、いくら言葉が丁寧でも声に説得力が出てこなかったはずです。そこが他の担当者との違いでした。

Mさんのように仕事のできる人の共通点から、上司、顧客から信頼されるポイントをまとめてみました。

上司、顧客先から愛される3つの安心感

上司や顧客先があなたを認める判断基準は、安心感と熱意ではないでしょうか。安心感を、3つのジャンルにまとめてみました。

「人として信頼できる」という安心感

同じ目標に向けて共にチームを組む相手、パートナーに求める一番は、やはり何と言っても信頼関係を構築できるかど

うかということです。

表示レベルとは違う商品内容、検査基準の甘さが露呈した企業の信頼度が、一瞬にして奈落の底に落ちることでもわかるように、相手への信頼が根っ子のところでなければ、その人を認知することは難しいです。

では「人として信頼できる」中身は何かというと、嘘をつかないこと。相手により態度を変えないこと。表裏がないこと。約束を守ることだと思います。

人として基本的なことですから、意識すれば誰もができることです。

「仕事を任せられる」という安心感

なんといっても圧倒的な説得力は、使命感です。使命感をもって仕事に臨んでいる人は、指示命令で動くというより、その仕事に対し主体的に行動し、責任をもってその仕事を成し遂げようという気概があります。

自ら使命感をもっている人は、働かされるのではなく、自分の意思で働くので、仕事が楽しくなります。与えられた仕事をきちんとこなすばかりではなく、果敢に、前向きに挑んでいます。

使命感をもって前向きに挑んでいる人は、仕事に対する情熱、信念、根性があるので、上司や、顧客先が、自分がもしものときにと期待できる人材であり、片腕的存在です。

「この人のこういう点が助かるよね」とか「ここが憎めないよね」という安心感

「この人のこういう点が助かるよね」の安心感は、いざというときに機転が利くことです。マニュアルどおりにしか対応できない人より、顧客の立場になって動いてくれる営業マンのほうが喜ばれます。

仕事を正確にスムーズに運ぶための的確な「報・連・相」ができることは、ビジネスマンとしての心得ですが、言われる前の心遣いができると可愛がられますね。

「ここが憎めないよね」の安心感は、素直さ、一生懸命さ、そして真面目さです。

ときどき「真面目」に対して「あの人は真面目だから、困るのよね」的ニュアンスで、マイナス批判する人がいますが、「真面目」は正直、誠実、ずるくないという、むしろプラス面でとらえるべきだと思います。

第一、真面目でなくては、決して偉業は成し遂げられません。

Column —コラム

自分らしく生きるための仕事のデザイン

1　自分発の仕事をしよう！

「好き」は、最大のモチベーションです。好きだからこそ夢中になれます。

働かされるのではなく、自分の意志で働けば仕事も楽しいです。

自分の好きは何か？　自分の強みは何か？　自分の得手不得手は何か？

自分のやりたい仕事を見つけましょう。

2　ゼロからでも起業はできる！

資金ゼロ、経験ゼロ、人脈ゼロでも起業はできます。

必要なのは、ポジティブにパワフルにチャレンジする行動力。ラッキーチャンスをじっと待つのではなく、果敢に前向きに、ゼロから興していくバイタリティー。

そして、やればできる！　と、最後まで諦めない姿勢です。

起業は、頑張れば頑張った分、正比例で答えが跳ね返ってくるので、とてもフェアな戦いです。

3　人生を賭けて勝負できる仕事をしたほうが結果お得！

人生のかなりの部分をしめるのが仕事の時間です。自分らしく生きることができるかどうかは、自分らしく仕事ができるかどうかと言っても過言ではありません。

たとえ大手の優良企業に入社できても、自分のしたい仕事に就けなければモチベーションはあがりません。結果、成果も出せず、評価もされない。自信も持てないという負の連鎖です。

自分らしく生きたい人は、自己実現の仕事にチャレンジしてほしいですね。

自分にとって「ほんとうの仕事」とは何かを考えましょう。

第4章

面接、営業、サービス業でプラスワン好印象を与える声と言葉の使い方

好印象を与える話し方は

まぁ〜るい　心と
まぁ〜るい　声で
まぁ〜るく　話す

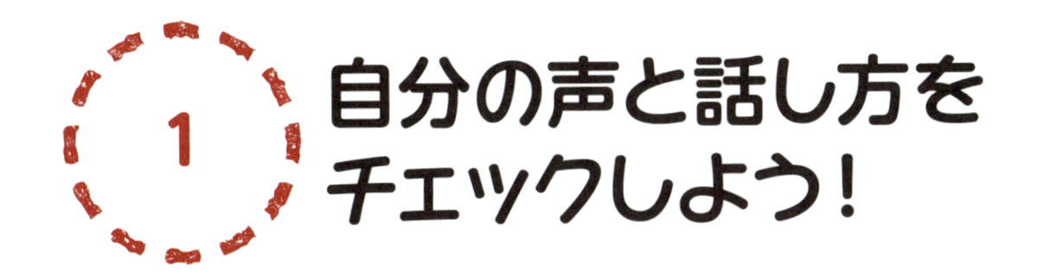

1 自分の声と話し方をチェックしよう！

自分に関係ないと思っているあなた、本当に大丈夫ですか。

人生の幸せと成功を望むなら、ご縁のチャンスを大切にしてください。

まずは自分の声と話し方のセルフチェックをしてみましょう。

Work —ワーク

セルフチェックで気づく「自分の声と話し方」

このワークは自分の声と話し方の第一印象を客観的に把握し、今後の自分の声と話し方の改善点に気づくことが狙いです。

自分で自分をチェックするセルフチェックと、他者からのチェックを比較してみましょう。

他者にチェックしてもらうときは、自分を正しく理解するためにも、お互い遠慮のない意見をもらえるようにお願いしましょう。

自分の声と話し方を知ろう！

下の項目から選んでください。（いくつ選んでもＯＫです）

声の印象

◆声の高低	・低い	・普通	・高い
◆声の大小	・小さい	・普通	・大きい
◆声の明暗	・明るい	・普通	・暗い
◆スピード	・速い	・ちょうど良い	・遅い
◆歯切れの良さ	・はきはきとして聞きやすい		
	・はっきりしないので聞き取りづらい		
◆アクセント	・正しい	・訛っている	
◆表現力	・声に表情があり、聞いていて楽しい		
	・1本調子で、聞いていて飽きてしまう		
◆声のパワー	・ある	・普通	・ない

◆その他気がついたこと

［　　　　　　　　　　　　　　　　　　　　］

声と話し方から感じた第一印象

・優しい　・冷たい感じ　・知的　・明るい
・頼りなさそう　・派手　・だらしない感じ
・気が弱そう　・威張っている感じ　・可愛い
・正直　・少しこわいイメージ　・わがまま
・清潔　・地味で暗い　・いい加減で調子いい感じ
・スポーツマンタイプ　・センスが良い
・しっかりしている　・さわやか　・個性的
・おおらか　・忠実　・インパクトがなく平凡
・素直　・リーダータイプ　・品がある
・自信がある　・信頼できる　・威張っている
・清潔感　・ナイーブ　・落ち着いている
・お人好し　・親近感　・気取っている　・勇気がある
・その他感じたこと

[　　　　　　　　　　　　　　　　]

態度の印象を3点評価で選んでください。

[・1　良くない　・2　普通　・3　良い]

◆姿勢	・1	・2	・3
◆顔の表情	・1	・2	・3
◆笑顔	・1	・2	・3
◆みだしなみ	・1	・2	・3
◆アイコンタクトの有無	・1	・2	・3
◆全体の雰囲気	・1	・2	・3

自分で自分をチェックした結果と、他者から見られている自分との違いを見つけ、どんな点が違っていたか、書き出してみましょう。

これから、どのような点に気をつければよいかをまとめてみましょう。

ちなみに、チェックリストにある声の印象において評価が低い場合、

- 声の高低 ・声の大小・声の明暗・スピードは「トーン」
- 歯切れの良さ・アクセントは「アーティキュレーション」「アクセント」
- 表現力は「フレージング」「イントネーション」「間」「プロミネンス」
- 声のパワーは「エモーション」

に問題があります。

いかがでしたか。自分で自分のことは案外わからないものですね。

声と話し方で損をしている人の共通点をおさらいしてみましょう。

第一印象で感じの良くない声と話し方の共通点

×声が小さい　→　聞き取れないので理解できない、頼りない感じ

×音色が暗い　→　性格も暗そうで、敬遠したい

×声が妙に高すぎる・低すぎる　→　違和感、馴染まない

×話すスピードが速すぎる・遅すぎる　→　聞き取るのに疲れる

×歯切れが悪い　→　聞きづらい、老けたイメージ、だらしのない印象

×声につやがない　→　聞いていて居心地が良くない、魅力的でない

×声の調子が硬い、冷たい　→　親近感がない、一緒に話していてもつまらない

×声に表情がない　→　言葉がいきいきとしていない、無愛想なイメージで感じ悪い

×声に情熱やパワーがない　→　話に引き込まれない、説得力がない

×話の整理ができていない　→　結果、何を言いたいのか理解できない

×話が長く、内容が難しい　→　退屈、途中から飽きてしまい、ついていけない

×自分の話に精一杯で、聞き手とのキャッチボールができていない→　一方通行

でも大丈夫！　これらの問題は全てトレーニングで改善できます。

※第1章で紹介しました「7つの声の表現力」を参考にしてください。

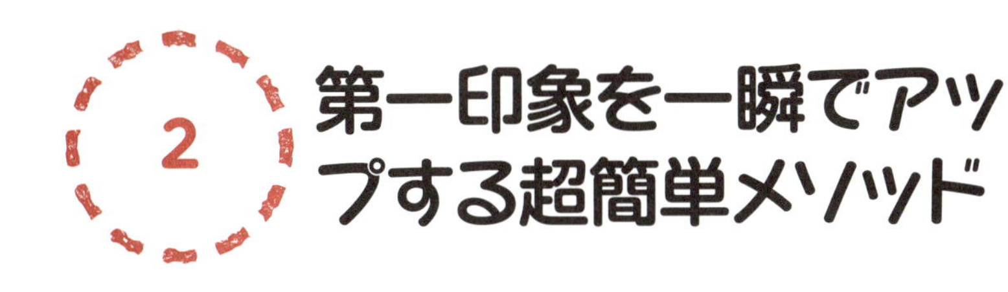

2 第一印象を一瞬でアップする超簡単メソッド

本当に、一瞬で好感度をアップできるんですか?!

はい、できるんです。

- 簡単　　誰でもできます!
- 早い　　すぐにできます!
- 安い　　経費は¥0です!

その法則は、「ASA」!

いえ、わたしは夜型なのでって、その朝ではありません。

ASAとは、それぞれの頭文字です。

- アルファベットのAは、明るい声
- アルファベットのSは、スマイル
- アルファベットのAは、挨拶

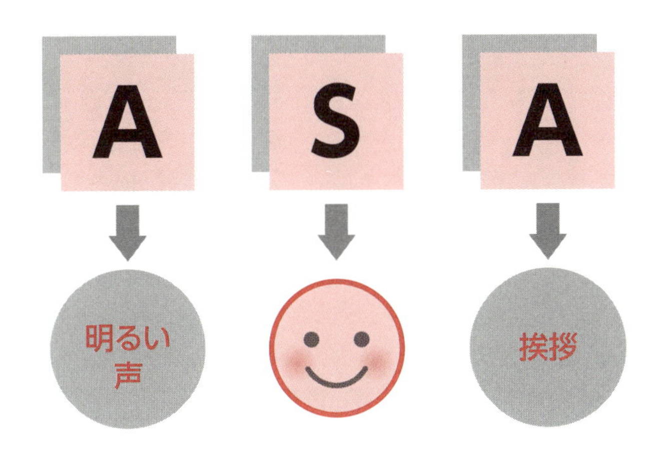

もうおわかりですね。12ページの**Q3：第一印象を一瞬でアップする超簡単メソッドをご存知ですか？** その答えはASAの法則でした。

明るい声を出そう

明るい声の出し方を勉強しましょう。

Work —ワーク

自分の声を知る

「おはようございます。よろしくお願いします」

- A　音量を小さく弱く、低い音色で、速めのスピードで言ってみよう
- B　音量を大きく元気よく、やや高い音色で、やや速めのスピードで言ってみよう

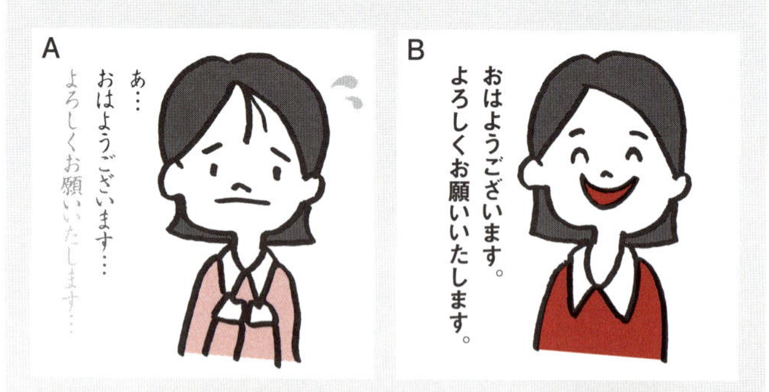

自分の声は内耳を通して聞いているので、他者が聞いている音色とは若干違います。録音して聞いてみると、客観

的に自分の声を知ることができます。それは、自己表現の上で大事なことです。思いがけない自分の話し癖も発見でき、勉強になります。

録音した自分の声を聞くと、AとBの違いがはっきりわかると思います。

Aの、音量が小さく弱く、低い音色、速めのスピードですと、相手が聞き取れないために、伝わりません。伝わらないために、理解ができないので、コミュニケーションがとれないということになりますが、それだけではありません。

音量が小さいと、気弱な、自信のないイメージとなり、説得力がなく、マイナスイメージとなります。

声が暗いと、声ばかりではなく、性格まで暗い印象を与えてしまいます。元気よく明るい声で挨拶しましょう。

Work —ワーク

明るい声の出し方

以下の言葉に、明るい気持ちをのせて言ってみましょう。

- **お誕生日にサプライズのプレゼントをもらい「うわぁ～嬉しい！」**
- **試験の合格通知が届き　「やったー！」**
- **美しい風景に出くわして感動し　「きれいだな～！」**

明るい、元気な声を出すヒント

明るい気持ちになれないときは、今まで一番嬉しかったこと、幸せだった瞬間を思い出し、心からその気持ちになって言ってみましょう。

これらの言葉を発声するときは、ただ音声を読み上げるのではなく、あなたの中でそれぞれのシーンのイメージがしっかりできあがり、本当にきれいだなぁ〜と感じてから、声に出して言ってください。

大切なのは、自分の心で感じ取ること。五感で感じ取ることです。感じ取ったら、その気持ちを言葉にのせることです。

これを繰り返すことで、自然とあなたの声に「イントネーション（抑揚）」がついてきて、声に明るい表情が出てきます。

声優になるわけではないですから、セリフの練習までしなくてもよいのではと思うかも知れませんが、声というのは頭で作るというより、口で覚えていくものなのです。身体で感じていくものなのです。頭の中だけで理解していても、実際に明るい気持ち、嬉しい気持ちが声に出てこなければ意味がありません。

このような訓練をすることで、少しずつ明るい声になっていきます。そしてなによりも自分自身が開放されていきます。その人の一番いい声、特に明るい声は自分自身が開放されていないと、なかなか出てこないものです。

以前こんなことがありました。Ｐ社のカーナビ制作のオーディションのときです。ナレーターさんは、クライアントを前にしてひどく緊張していて、彼女たちの自然な明るい声がなかなか出てこなかったのです。中には、声が震えている人もいました。そこでプロデューサー兼ディレクター担当の私は、まずはリラックスと思い、収録をやめて雑談に切り替えました。

「今までで一番感動した景色は、どんなシーンでしたか？　その景色を具体的に思い出し、聞かせていただけませんか？」

ナレーターさんの顔が少し和らいだようでした。

「ペットを飼ってますか？　名前は？　どんなときが可愛いと思いますか？」

ナレーターさんは、愛犬の話を笑顔で話し始めました。するとどうでしょう。今まで緊張していた彼女たちは、気分が和らぐにつれて徐々に声の調子も、明るくのびのびとした音色に変わっていったのです。

私はすかさず「そのペットが今傍にいると思って、コメントを読んでいただけますか」とお願いし、本番再収録をしました。

オーディションに立ち会われていたクライアントさんも、「なるほど！　勉強になりました」とご納得され、以降十数年のレギュラー仕事となりました。

暗い音色の方は、一度明るい音色に設定すると、いざというとき再現しやすくなりますので、ぜひ、ワークにチャレンジしましょう。

Work —ワーク

前に出る声・通る声の出し方

ウエルカムスマイルで、とびっきり元気な声で言ってみよう。

- 「いらっしゃいませ」
- 「ありがとうございました」
- 「少々お待ちください」

サービス業の朝礼で見かける声出し練習は、ウォーミングアップなのですね。まだ仕事に慣れていないフレッシュマンにとって、始めの声出しはちょっと気恥ずかしかったり、習慣づいていないためにいきなりは出しづらかったりするものです。

これと同じように、普段音量が小さく、弱く、低い音色の人など、大きな声を出すことに抵抗のある方は、少しずつ音量を上げて慣れていきましょう。

100万ドルの笑顔でゲストを迎えよう！

サービス業にとって、笑顔は不可欠なサービスです。迎えるあなたの「ようこそ、おいでくださいました！」の笑顔が、企業ブランドにつながります。

笑顔は、人を魅了する大きな力をもっています。あなたが笑顔で挨拶すれば、相手も笑顔で応えてくれます。笑顔のブーメラン効果は100万ドルなのです。

Work ―ワーク

笑顔の効果を知る

あなたと、誰かもうひとり。お互い向かい合ってください。

- **1回目は、お互い笑顔なしで、真面目な顔で「こんにちは」と言い、30秒間無言で見つめ合ってください。**
- **2回目は、上等な笑顔で、「こんにちは」と言って、雑談してみてください。**

実体験で実感！　いかに笑顔が効果的かを理解できることと思います。

※このワークをひとりでするときは、カメラで撮影し、1回目の写真と2回目の写真を比べてみてもいいですね。

自分から先に挨拶しよう

知っている人と出会い、顔を合わせても、相手が目をそらして挨拶をしなかったら、あれ、無視された！　嫌われているのかしら？　怒っているのかしら？　と誤解してしまい、お互い気まずい関係になります。

また、こちらから挨拶をしても、相手が顔を合わせず、ぼそぼそと小さな声で返事をしたのでは、これまた印象が良くないです。

「今日は寒いですね」「まだまだ暑いですね」、よく交わされる挨拶ですね。今日は寒いとか暑いとか、わざわざ言わなくてもわかっています。

でもこのひと声からコミュニケーションが始まるのです。

職場においては特に心がけるべきかと思います。

朝、出勤途中で上司と顔を合わせたとき、爽やか笑顔と元気な声で「おはようございます！」と挨拶したAさんと、目も合わせず、無愛想な小さな声で挨拶したBさん。

たとえ、仕事の立場がAさんよりBさんのほうが上でも「彼は、仕事はできるが、どうもな。俺に不満があるのかな…？」と、上司とのコミュニケーションにも支障をきたしてしまいます。

また部署が違っても、社員同士のコミュニケーションが必要です。

ロビーですれ違ったとき「こんにちは」。エレベーターで一緒になったときは「お先に失礼します」と、一声かけるだけでも随分違います。

「たかが挨拶、されど挨拶」です。

挨拶の効果

- コミュニケーションの第一歩。話のきっかけが作れます。
- 緊張感をほぐし、親近感を高められます。
- 相手を認めているというサインを送れます。

また、「こんにちは」と、一声かけた相手の反応で、相手の気分、状況、自分に対する思いを、それとなくチェックできる、とても便利なコミュニケーション手段です。

そして、

- **挨拶は、ベストコミュニケーションの　第一の礼儀作法です。**
- **挨拶は、ベストコミュニケーションの　基本的エチケットです。**
- **挨拶は、誰もができる　思いやりです。**

それでは、ＡＳＡの法則をまとめましょう。

挨拶は、明るい声、上等の笑顔で、相手の目を見て、自分から先にすることです。

人と会った瞬間に即、「Ａ・Ｓ・Ａ」ができるよう、生活の中で習慣づけ、身につけてください。

One Point —ワンポイント

相手の名前を呼ぼう

「ねえ、君ちょっと」と言われるよりも、人は自分の名前を呼ばれると嬉しいものです。特に2回目に会ったときに名前で呼ばれると「覚えていてくれたんだ！」と、相手への親近感が増します。

3 声と言葉を変えれば あなたはもっと素敵に なれる！

好かれる人は、プラスコミュニケーションを心得ている人です。言葉の視点から、プラスコミュニケーションのいくつかを紹介しましょう。同じことを伝えるにしても、ちょっとした言葉の使い方で、あなたの印象がぐんと変わってきます。特にビジネスの場では、仕事の評価そのものにもつながりますので要注意です。

嫌われないNOの言い方

相手と気まずい関係になるのが嫌でNOと言えないあなた。言い方に心遣いをして伝えましょう。

- （いきなり）駄目です！　（今日は）困ります！　できません！　行きません！　お断りです！　嫌です！　やめてください！

このようなきつい言葉ではなく、まずは「ありがとうございます」と相手の言葉にお礼を言い、そのあと「ただ〜」とNOの言葉を続ける、“YES BUT方式”にすれば、NOの印象もやわらかくなります。

例えば、

- お誘いありがとうございます。ただ〜
- お心遣いすみませんが〜

- ありがとうございます。ただ、残念ながら～
- お気持ちは嬉しいのですが～
- せっかく～していただいたのに申し訳ありませんが～
- いつもお気にかけていただき嬉しいです。その日はあいにく～
- ご期待に添えず申し訳ありませんが～
- 申し上げにくいのですが～
- 力不足で相すみませんが～

基本パターンは「申し訳ありませんの言葉＋○○いたしかねます」です。

このように“YES BUT方式”の表現を心がけることで、相手に不快な思いをさせることなく、NOを伝えることができます。

お願い上手、伺い上手の言い方

上から目線の断定的な言い方ではなく、こちらの希望を伝え、相手に返事をもらうスタイルが望ましいですね。

×

- 命令口調で「～しなさい」あるいは「～しろ」

○

- ～していただけますと嬉しいですが
- ～してもらえると助かるが

・～してもらえないかな
・お願いできませんでしょうか
・お願いできないかな

×
・相手の都合も聞かずに、「土曜日にしました」

○
・土曜日のご都合いかがでしょうか？
・土曜日の都合どうかな？
・あるいは、ご都合のよろしい日程を複数候補お知らせくださいませ。

基本的に人は指図されたくありません。たとえ上司からでも、命令口調、押し付け口調、当たり前口調では、いい気持ちがしないものです。

・部下に依頼する場合は、依頼内容とその方法、いつまでにという期日をきちんと伝える。
・依頼を受けた側は「かしこまりました」「承りました」「承知いたしました」と返事をする。
・お願いを聞き入れてもらった側は、お礼の気持ちを伝える。

なども忘れずに。

覚えておくと重宝な言い方

ビジネスシーンで役立つフレーズのいくつかを紹介しましょう。

- お取り込み中、申し訳ありませんが〜
- お話の途中で相すみませんが〜
- お話の腰を折るようで申し訳ありませんが〜

きれいな日本語の話し方

「チョー……！」「まじっ！」などの言葉をよく耳にします。自分の気持ちを短い言葉で集約でき、ちょっとした遊びのニュアンスも含め表現できるので、仲間同士では盛り上がるのでしょうね。

でもビジネスシーンでは、きちんとした会話ができないと信頼してもらえません。ビジネスシーンで使われる最低限の言葉だけでもしっかりと身につけましょう。

- いたしております（×やっております）
- ご存知ですか（×知ってますか）
- 伺っております（×聞いてます）
- いたしかねます（×できません）
- ご理解いただけましたでしょうか（×わかった？）
- 参ります（×行きます）
- いかがでしょうか（×どうですか）
- おります（×います）

など。

ちなみに「いかがでしょうか」の「が」は鼻濁音です。鼻濁音をきちんと使えると、日本語独特の柔らかい音色が出て、きれいな日本語を話せるようになります。

鼻濁音については、第1章の「アーティキュレーション」を参照してください。

ビジネスの場では、声の調子は落ち着いたトーンでゆっくり、ハッキリ、そして丁寧が基本です。

いかがでしたか？　嫌われないNOの言い方。お願い上手、伺い上手の言い方。覚えておくと重宝な言い方。そして、きれいな日本語の話し方。これらの言葉が必要なシーンですぐに取り出せるように、声に出して練習しましょう。あなたの言葉の引き出しにストックしたままでは、いつの間にか消費期限切れで消滅してしまいます。実際のビジネスの場で繰り返し使うことで身についていきます。

One Point —ワンポイント

面接・営業・サービス業でプラスワン

•自分の引き出しに、回答例、説明例を作っておく

頭で理解できていることと、目で把握できていることと、口で説明できることは必ずしも一致していません。つまり、理解はしているが、どのように話していいかわからない、言葉が出てこないということがあります。

面接、営業、サービス業では、きちんと理解した上で、きちんと相手に伝えられなければいけません。そのためにも、自分の中に、引き出しを作っておく必要があります。

そしてそれを、声に出してきちんと伝えられるように準備しておくと、いざというときに役に立ちます。例えば、

- **面接での、自己紹介、自分の強み、信念、夢、目標など。**
- **営業先での、商品説明、他社との差異、使い方。**
- **サービス業での、接客用語、クレーム対応など。**

自分ノートにまとめ、声を出して練習しておきましょう。

4 まぁ〜るい心と まぁ〜るい声で まぁ〜るく話す

好印象を与える声と言葉の使い方のまとめとして、のざき流「まぁ〜るい心と　まぁ〜るい声で　まぁ〜るく話す」メソッドを紹介します。

明るい元気な声で上等な笑顔を忘れず自分から挨拶しよう！

♪笑顔が一番　挨拶二番　明るい声で　こんにちは！♪

第一印象を一瞬でアップする超簡単メソッドです。

特に笑顔は大切です。笑顔は¥0のサービス。相手に対するYESサインです。

目と目があって、真っ先に飛び込んでくる笑顔ほど、好感度をアップするものはありません。どれほど高級なブランドスーツで身をかためていても、笑顔がなければ、好感度は今一つです。

笑顔は相手に対するYESサインであり、相手の心を開く鍵となります。

笑顔はどんなに振りまいても減りません。打ち出の小槌のように出てきますので、出し惜しみのないように振りまきましょう。

笑顔になると、声もまぁ〜るくなって、笑声になり、まぁ〜

るいコミュニケーションができます。

落ち着いた声のトーン ゆるやかなテンポで話そう

声と言葉の使い方の悪い見本は、国会中継で見られます。話している最中にヤジを飛ばす、怒鳴る、威嚇する、皮肉を言う、机をたたく、席を立つ。高い声、強い語調でまくし立て、相手をやり込める詰問調。話し合いの中から、良い方向への問題解決を探るというより、対立のせめぎ合い。ときにはつかみ合い、殴り合いの喧嘩。

聞いていて疲れますね。

「まぁ～るい声・まぁ～るい話し方」には、心地良い響きが大切です。全体的にマイルドなイメージでまとめましょう。

プラスの表現をしよう

「まぁ～お若いですね～とても40代には見えませんわ～」

「……あの～わたくし～　30代なんですけど～」

こういうのはプラスの表現ではないですね。

また、自分を気に入ってもらおうとするがために、あまりにもわざとらしい誇張表現だと、ご機嫌取りのお世辞と思われ、逆に敬遠されてしまうかもしれません。

褒め言葉は、相手の特技、長所、具体的な成果など、心から相手を賞賛し、尊敬できることに、素直な言葉で表現しないと、相手に嘘が見えてしまいます。

プラスの表現というのは、人の心を元気にさせる言葉、相手に自信を与えてやる気にさせる言葉、相手のマイナスマインドを励まし、勇気を与える言葉です。

結果はどうあれ相手が一生懸命頑張ったとき「大変でしたね」「良く頑張ったね。お疲れ様！」とねぎらいの言葉をかけたり、失敗やミスで悔やんでいる相手には「今回は残念だったけれど、いい勉強になったよね。次の機会にこの経験を生かそうね」など、相手の立場、相手の思いを察知して言葉をかけましょう。

相手が不安で心が震えているとき、相手が落ち込んでいるときこそ、プラスの表現をしましょう。温かみのある声の調子で、肯定表現をしましょう。クッション言葉を活用しましょう。

表現スキル「エモーション」で心を込めて話そう

言葉に思いをのせて話すことで相手の心に届き、心のふれあいができます。言葉に話し手の気持ちがこめられていなかったら、それは、ただ単にメッセージにすぎません。

常套句や既成の言葉をなぞり、表面だけを取り繕っても伝わりません。

音を伝えるのではなく、心を伝えるのです。

表現スキル「間」でときには美しく黙ろう

「間」は、ときに雄弁以上に、声力を発揮します。

相手が一生懸命話しているときは、適切な間を取り、微笑みながら相手の話に相槌を打ち、黙って聞きましょう。

相手が感情的に非難罵倒してきたときは、同じように熱くなって間髪入れずに切り返すのではなく、ひたすら黙って相手の目をじっと見て聞きましょう。相手が感情的に爆発しているときには何を言っても、馬の耳に念仏。

自分の思いを述べるのは、相手が冷静になり、聞く耳をもったときに、声のトーンは抑えて、ゆっくりと、力強く、キッパリと抗議するのです。

表現スキル「イントネーション」で話の語尾をソフトにまとめよう

先日電車の中で、若い女の子たちの話が聞こえてきました。「～だからさ！」「そいでさ～！」「そうじゃん！」と、その可愛い顔と可愛くない話し方のギャップに唖然としました。

話の語尾は音声にすれば一瞬ですが、その一瞬のまとめ方、音色次第で、第一印象が大きく変わってきます。自己主張を押し付けず、相手に対して「いかがでしょうか」というニュアンスを込め、語尾はやわらかく、ふくらみを持たせてまとめましょう。洗練された大人の話し方のエッセンスです。

クッション言葉は思いやり心遣いの表現

コミュニケーションを和やかにする効果があります。

会話の間にクッション言葉を一言挟むだけで、全体がやわらかい表現となり、相手に抵抗なく受け入れてもらえます。

まぁ～るいコミュニケーションを作るクッション言葉には、こんなものがあります。

- お手数ですが
- 恐れ入りますが
- こちら勝手で申し訳ございませんが
- ご面倒おかけしますが
- ご多忙中と存じますが
- もしできましたら
- 重ね重ね恐縮ですが
- 差し支えなければ
- よろしければ
- ご足労をおかけしまして申し訳ございませんが
- お陰さまで
- 失礼ですが

感性は豊かにマイナス感情は控えめに

お目にかかると、まるで中継放送のように次から次に感情を吐露する人がいます。上司への非難、会社への不満、仕事の愚痴、現状への鬱屈感などのマイナス感情を、丸裸でそのまま、その場を散らかすように話す人がいます。お酒が入るとさらにエスカレートして泣き節となります。このようなことが頻発すると、その人の口癖となり、声の調子に表れてきます。

こういったマイナス感情は控えめにして、喜び、好奇心、感動、共感、笑いなどのプラス感情へチャンネルを変えましょう。そして何よりも、感性を磨きましょう。

感性豊かな人は、想像力が豊かです。イメージするアンテナの感度がいいのですね。

こういう人は相手の心情を察して、思ったこと、感じたことをそのままストレートに言わない、相手や周囲に対する心配りができます。この心配りが、まぁ〜るい心ですね。

表現スキル「エモーション」で「ごめんなさい」を言おう

この「ごめんなさい」の一言が言えない人がいます。「ごめんなさい」を一言言うだけで、それまで気まずかった関係もほぐれていきます。

自分が悪いと気づいたときは、素直に謝罪し、言い張らない。くどくどと弁解しない。たとえ自分が悪くなくても、関係ないです的な姿勢はやめ、会社の一員として気持ちを込めて丁寧に謝罪しましょう。

- 今後はこのような不手際がありませんよう注意いたします。
- 力不足でお役に立てず申し訳ございませんでした。
- 存じ上げませんで失礼申し上げました。

など。お詫びの言葉をいくつかストックしておきましょう。

表現スキル「エモーション」で「ありがとう」を言おう

「ありがとう」は誰もが知っている言葉ですが、誰もが使っているわけではありません。

「ありがとう」の言葉は、たった5文字ですが、相手の心に届くと、大きな感動を与えます。

相手のために一生懸命頑張ったときに言われる「ありがとう」の言葉ほど嬉しいものはありません。「ありがとう」の言葉に励まされ、また頑張ろうと思います。

心の中で思っているだけではなかなか相手に伝わりません。あなたの感謝の気持ちを「ありがとう」の言葉で伝えてください。

※ちなみに「ありがとう」の「が」も鼻濁音です。心を込めてきれいな日本語で伝えましょう。

優しい人間関係を作り、あなたの印象を良くするためにも、「まぁ〜るい心と　まぁ〜るい声で　まぁ〜るく話す」をぜひ身につけてください。

One Point ―ワンポイント

うっかりNG言葉

- 上司に対し　×「ご苦労様」　○「お疲れ様でした」
- ×「～でよろしかったでしょうか」　○「～でよろしいでしょうか」

Column —コラム

声と言葉を磨いて自分を創る生き方を創る

私たちは、声というツールで言葉を表現しています。

声には、その人の喜び、哀しみ、怒り、情熱、意思が表れています。その人の優しさ、誠意、教養、知性、品性、感性、個性が内包されています。

さらに広義の意味では、その人の哲学、人生が、そしてその人の魂が宿っています。

声は、情報、意思を相手に伝え、自分の気持ちや感情を理解してもらうための重要なコミュニケーションツールであり、自己紹介をしたり、歌ったり、演技したりなどの自分表現ツールです。

そして、プレゼン、スピーチ、会議での提案、ディスカッション、交渉などのビジネスツールでもあります。

職場のみならず、知人、友人、恋人、家族間のコミュニケーションで、声の持つ役割は実に大きいのです。

その役割を全うし、効果を出せるかどうかにより、仕事上の成果も、その人の人間関係、ひいてはその人の人生そのものまでを左右します。

上司に認められたい。友人をたくさん持ちたい。恋人が欲しい。成功したい。自己実現したいすべての人々にとって、声は重要なツールなのです。

声と言葉を磨いて、あなたらしい人生をデザインしてください。

第5章

相手の心に届けるための
コミュニケーション上手の
声と言葉の使い方

「自分の言葉」が
人を動かす

お

1 社交性とコミュニケーション上手は違う

社交上手な方が必ずしも、コミュニケーション上手とは限りません。

決して饒舌ではないけれど、話していると心地よい人、別れたあとも心に足跡を残していく人、そして、また会いたいと思わせてしまう人(憎いね)がいます。

そんなコミュニケーション上手の人の心得をまとめてみました。

コミュニケーション上手の人は、頭のいい話し方をします。

頭のいい人の話し方は話の効果を心得ている

頭のいい話し方をする人は、洗練されている人です。そして、仕事ができる人です。頭のいい人の話し方の極意をチェックしてみましょう。

- **話の目的を忘れない**
- **話すことで自分を上手にアピールしている**
- **相手の言い分も聞きながら、折り合い点を見出している**
- **不必要な喧嘩はゼロどころかマイナスになることがわかっているので、決して感情的にならず、建**

設的な話をする
- 相手との関係で、自分がどのような立場で話せばよいのかを心得ている
- 聞き手の反応を考え、声と言葉の使い方に配慮している
- 相手を耳で聞き、目で聞き、心で聞いて話している

「説得」は「納得」

「説得」を「納得」に昇華させる対応策を考えてみましょう。

例えば、部下に注意を促す場合は、

- 内容を理解してもらう
- 本人が気づいていない欠点、仕事の手順などの違いを自覚してもらい、その上で改善策を考えてもらう
- 問題解決案にお互い同意する
- その後の行動をみて、評価してあげる

相手を説き伏せてまで自分の主張を強制しない

部下に注意する場合、業者のミスを指摘する場合、職場の縦割り関係で上からの押し付け、あるいは語調の強さで相手を説き伏せたり、叱りつけた場合、その場はおさまったかのようでも、押さえつけられた相手は、気持ちの上で納得がいかず、心の隅に、豆粒ほどの小さなわだかまりを残してしまいます。やがてそれが、芽を出し、成長し始めると思わぬしっぺ返しを受けるので要注意です。

「注意ひと言、恨み一生！」
感情的な物言いは危険！

感情的な物言いは、相手の反感をあおるだけで、相手の心に浸透しません。

「叱り」と「注意」は違います。自分の感情を相手にそのままぶつけても、通じない相手には、「叱られた」という思いだけがクローズアップされ、なぜ自分が叱られているのかの反省には至らないのです。たとえ相手が1,000％悪くてもです。

注意しなければいけない本人もストレスがたまるだけです。注意するという言動は相当疲れる仕事です。誰だって相手を否定する事柄を言いたくありませんからね。相手次第では、恨み100倍で、とんでもない反撃に出てこないとも限りません。

相手が「なるほど」と思うような
声の調子と言葉遣いに気をつける

声は落ち着いたトーンで、相手の目を見ながら、ゆっくりと話す。例えば、

×　「そうではないでしょ！」と、きつい声の調子で上から押しつける言い方

↓

○　「なるほど、でも、あなただったら、この方法がいいんじゃない？」

まずは頭から相手を否定せずに、最初は相手の言い分に

耳を傾けます。そのためにも最初の「なるほど」を力強く言います。その上で「でも、あなただったら、この方法がいいんじゃない？」と、相手にプラスのアドバイスとして提案します。「じゃない？」の言い方に気をつけてください。語尾のイントネーション次第で相手の受け止め方が違ってきますので、語尾はやわらかくまとめます。

×　「違うでしょ！　もう何やらせても駄目なんだから！」と、感情的な口調で相手を否定する言い方

↓

○　「他の切り口からも考えると、こういう風にやったらどうかな？」

　穏やかな口調で、丁寧に説明しよう。

×　「わかりましたね！」と、強い声の調子で強要し、圧力をかける言い方

↓

○　「理解できたかしら。わからなかったら遠慮しないで相談してね」

　など、コツは相手に誠実に説明し、その上で同意してもらえる口調で話すこと。

相手の理解を促す

現状の問題点、抱えている内容、こちらの状況、自分の思いなどを、相手にも理解してもらわない限り、問題解決には至りません。

そのためには、過去の実績、競合相手との差異、リスク対策、ビジネスとしての成功予測値など、確かな情報知識を、極力数値化し、数字で示したデータ資料での説明で理解してもらう。相手を否定するのではなく、だからＮＧなんだよと、客観的に気づいてもらう。相手にとってのメリット、デメリットを説明し、相手に選択してもらうなどの配慮が必要です。

Example 一例

うん、あなたの意見はわかった。その意見をどうしても通したいなら、このようなデメリットがあるけれど、覚悟してね。その代わり、こちらの意見に賛同してくれたら、あなたにこんなメリットがあるけれど、どっちにする?

相手にこちらの話をじっくりと聞いてもらうために、また相手にもゆっくりと考える時間を与えるためにも「間」を活用するといいですね。

相手を力づくで説得しても、人は動かないのです。

3 「自分の言葉」が人を動かす

リーダーに求められる要素の中で、最も大切なのが、人を動かす力です。

人を動かす上で重要なのが、伝える力です。

リーダーの上から目線の、通り一遍の言葉に、部下は「はい」と相槌を打つかもしれませんが、それは耳でリーダーの言葉をキャッチしたまでのことで、心の中まで浸透しているかどうかはわかりません。

相手の心からの納得が得られなければ、人を動かすことはできません。

リーダーが自分の思いを伝えるときに大切なことは、言葉の温度を高めることです。言葉の温度を高めるとは、ただ単に大きな声を出したり、強い言葉を連発したりすることではなく、自分の言葉で話すことです。

例えば、

- **面接で、マニュアル回答しかしない人**
- **すべての生徒を優等生にしようと教育する教師**
- **縦割り構造の組織の中で、保身の立場からしか話さない上司**

そんな言葉に人は共感しないですよね。

自分の言葉で表現するためのヒントをいくつか紹介します。

常套句だけの表現には鮮度がない

流行語ばかりの連発では知性がありません。ボキャブラリーを増やして、あなたならではの個性で表現しよう。

例えば、お祝いのシーンでの「おめでとうございます」、お見舞いや被害に遭われた方に「お大事に」と、ついつい決まり文句で対応してしまいがちです。また、相手を誉めるシーンでも「素敵」「かっこいい」と、ついついワンパターンな言葉で対応してしまいがちです。できることなら、ありきたりや間に合わせの言葉ではなく「自分の言葉」で表現して、相手の心に届けたいものです。

そのためには、読書、ブログや日記をつける、詩や手紙を書くなど、日常から言葉に関心をもち、言葉の貯金をしましょう。

声と言葉にパッションエモーションを取り入れよう

そのために第1章で紹介した「エモーション」効果を最大限に活用しましょう。

言葉だけが立派でも
声が遠慮していると　よそよそしい
言葉だけが優しくても
声がとげとげしいと　響かない
言葉が流暢でも
声にハートがないと　嘘っぽい
「自分の言葉」は　声と言葉が一つに
なったときに生まれる
声と言葉を　一つにするには、
五感でキャッチした感覚から
生まれてくる
心の叫びから　生まれてくる
言葉に魂を吹き込むことで
その言葉が生きてくる

これが「エモーション」効果です。

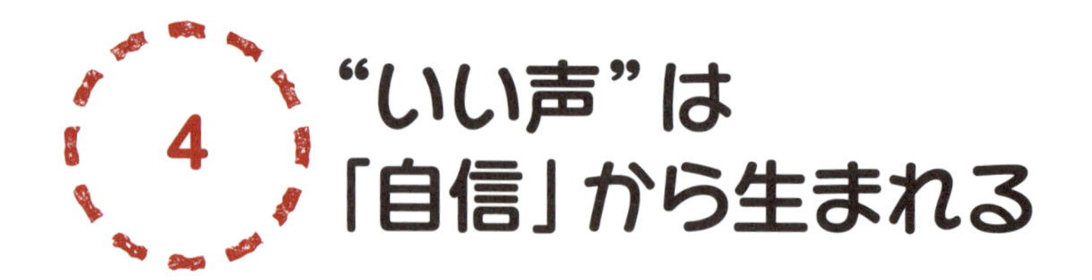

4 “いい声”は「自信」から生まれる

相手の共感を得るにはもう一つ大切なことがあります。それは「自信」です。

ヴォイストレーニングであなたの声をどれほどピカピカに磨いても、あなたの中に自信がなければ、いい声は生まれてこないでしょう。

なぜ自信があると“いい声”になるのか

- 自信がある人の声は、声に安定感があるので、安心して聞くことができます
- 声に嘘がないので、信頼してもらえます
- 気持ちの余裕があるので、それが声にも表れ、言葉に説得力が生まれてきます
- 聞き手に納得してもらうことで、共感が得られます
- 余裕があることで、話の“間”が十分にとれて、話の味が出てきます
- 自分の話の内容だけにとらわれず、聞き手への配慮ができるので、双方向のコミュニケーションができます
- 余裕がある分、遊びも生まれ、ユーモアがあります

- **カリスマパワーが生まれ、聞き手を魅了します**
- **自信から生まれた説得力は、交渉の際、プレゼンなど人前で話す際、そして恋を囁くときにも、“声力”を発揮します**

反対に自信がない人の声は、自信のないこと、そして自分の自信のなさが相手に伝わっていると感じ、引いてしまうので、説得力が出てこないのです。

また、自信は声の調子ばかりではなく、あなたの印象そのものまでにも大きく影響します。

例えば、初対面で心惹かれる人がいます。顔が可愛いとか、スタイルが抜群とか、自分好みのタイプだとかの外見要素ではなく、その人の内面からにじみ出てくるもの、いわゆるオーラのある人に惹かれてしまいがちです。

人と人とが対面したとき、多くを語らなくともふたりの間におのずから形成されてしまう力関係のようなものを感じたことがありませんか?

それは肩書きとか、上下関係とか、学歴とか、服装とか、資産力とかではなく、その人自身から発信しているものです。

その人自身の資質もあるでしょうし、その人が育った環境から培われたものもあるでしょうが、要はその人の生き様で身につけてきた自信そのものなのでしょう。

自信のある人は、輝いています。

人間としての尊厳のようなものを備えています。

威丈高とか、上から見下ろしている傲慢さとかの圧力ではなく、むしろ控えめで、それでいて本物に裏付けられた確かさと余裕があります。

第一印象で魅了された方を振り返ってみると、決して飾らず、ごく自然体でありながら、オーラを発散しています。

ある方は70代にもかかわらず、人間的にとてもセックスアピールのある方でした。人生のキャリアから少しずつ形成されたその人間としての幅の広さ、奥行きの深さに圧倒されました。こういう方は、皺の数に比例して、良い年の重ね方をされています。

また、ある人はものすごい実力の持ち主なのに、偉ぶらず、ひけらかさず、さりとて迎合せず、ご自分のポリシーを決して声高ではなく、穏やかに表現されていて、なんとも品性がにじみ出ています。

声と言葉は、その人の人間性、生き様そのものです。

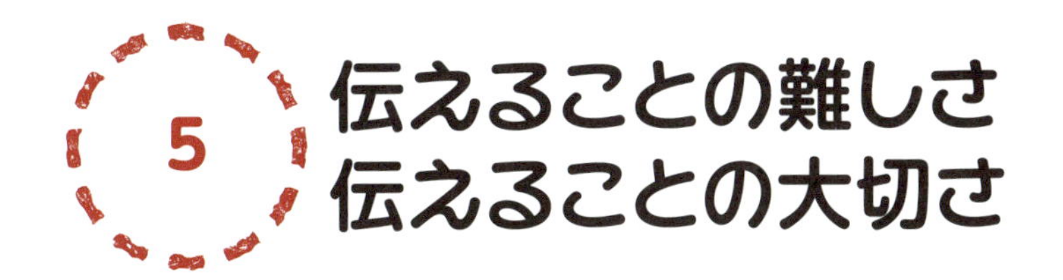

5 伝えることの難しさ 伝えることの大切さ

人は誰でも理解されたい思いがあります。

求める相手に理解されないと、受け入れてもらえないという満たされない気持ちが、お互いの関係をぎくしゃくとしたものに変えてしまいます。

これだけはどうしても伝えたいという思いもあります。
その思いが伝わらないことで、人は一生心の中に、無念な思いを抱えていくこともあります。

逆に相手に受け入れてもらい、自分の思いが伝わることで、それまでの辛かった思い、寂しかった思いが一瞬でほどけて、その人の人生が救われることもあります。

僭越ではありますがそのことに気づいた体験談を紹介します。

両親が離婚したのは私が10歳のときです。さらに追い討ちをかけるように事業に失敗した父は、ひっそりと家を出ていきました。

幼くして父と離れてしまったファザコン娘の私は、愛の飢餓感から父に対する思いが一杯で、時折許される父との面会日は、もう嬉しくて嬉しくて、その切なる思いを伝えようといつも声高に心の叫びを訴え続けていました。

一方、父は家庭を壊してまで再婚したこと、事業に失敗したことでそれまでの裕福な暮らしから一変して、貧乏な長屋暮らしの環境へと子どもたちを追いやったことで、負い目があったのでしょう。父は私の心の叫びに対して真正面から向かい合うことは一度もありませんでした。

私が叫べば叫ぶほど、父は責め立てられている思いで頑なになり、ますます心を閉ざしてしまったのでしょう。

父の愛と理解を一心に求め続けていた、私の心の叫びは父には届かず、楽しみにしていた面会日はいつも気まずい思いで台無しで、幼少時得られなかった父への愛の飢餓感は膨れあがる一方でした。

そんな消化不良の思いを共に抱えた親子でしたが、父が78歳で入院したときのことです。

私は仕事が終わるやいなや毎日病院にかけつけ、父の食事のことから下着や寝巻きの洗濯、体をふいてあげたり、痛むところをさすってあげたりと一生懸命看病に励みました。

それは義務感からとか、他にする人がいないから仕方ないからという気持ちではなく、「ああ、やっと自分の出番がきた」、「父に対する私の愛を伝えられるときがやっときた」という思いで、父の看病はむしろ私自身の喜びでもありました。

そんなある日、父は闘病生活ですっかり細くなった身体を起こして、ベッドの上で正座をして、寝巻きの浴衣の襟をそろえ、ちょっとあらたまった様子で、私の顔を真正面から見つめ、「よし、お前の話を聞こう」と、ぽっと言ったんですね。

それは何の前触れもなく、一瞬に起きたまったく予期せぬ出来事でしたが、長い間、本当に長い間待ち続けた一瞬でした。

不器用な父は、人の話は一切聞かない頑固者でしたが、初めて父のほうから「お前の話を聞こう」と向かい合ってくれた！

数十年父の愛と理解を一心に求め続けていた私は、父に話したいこと、聞いてもらいたいことが、はちきれんばかりに胸一杯のはずなのに、涙ばかりが滝のようにあふれてきて、一言も言えませんでした。

長い間、がんじがらめにこんがらがった親子の絆が、まるでマジックにかかったように1本の線でつながった、そんな一瞬でした。

あの日の父の言葉。父の声のトーン。父の表情は今でもはっきりと覚えています。

私の人生の中での大切なワンシーン。いつまでも心の中に大切に保管しておきたいと思います。

もしあの一瞬がなかったら、私は一生父に対する愛の飢餓感を抱えて生きていくことになったでしょう。

このような経験はおそらく私だけではないでしょう。

聞いて！　聞いて！　と声高に叫ぶことではなく、自分の思いを強引に押し付けて主張するのではなく、まずは相手の気持ちを思いやる。そのままの相手を受け入れて抱きしめることから、真のコミュニケーションが始まるんですね。

私はこうして伝えることの難しさ、伝えることの大切さを身にしみて感じました。

もしあなたが大切な人に伝えたいことがあるのに、まだ伝えていないとしたら、心と心をつなぐ究極のコミュニケーションで伝えてください。

嬉しくて嬉しくて、「ありがとう」と、心から感謝の気持ちを伝えたいとき、償っても償っても償いきれない過ちを犯し、「ごめんなさい」と、心からの謝罪を伝えたいとき、あなたの言葉に熱い思いと誠意の気持ちを込めて、あなたの「声力」で伝えてください。

誰のためでもありません。それは必ずあなた自身の心の財産になりますから。

コミュニケーションは、LOVEです！

おわりに

声と言葉を磨くことで、コミュニケーション上手、仕事上手、自己表現上手になります。

これにより、より多くのチャンスと巡り逢います。

より多くのチャンスと巡り逢うことで、世界が拓け、人生が変わります。

声と言葉を磨けば、あなたはもっと幸せになれます。あなたの幸せのために、この本が少しでもお役に立てましたら幸いです。

最後に、

この本をご購入くださったあなた、

この本の出版にご尽力くださった皆さま、

そして、いつも応援してくださっている皆さま、

心からの感謝を込めてお礼申し上げます。

ありがとうございました。

著者　のざき きいこ

付録

オンリーワンヴォイスを磨こう

声は
磨けば磨くほど
つやがでる

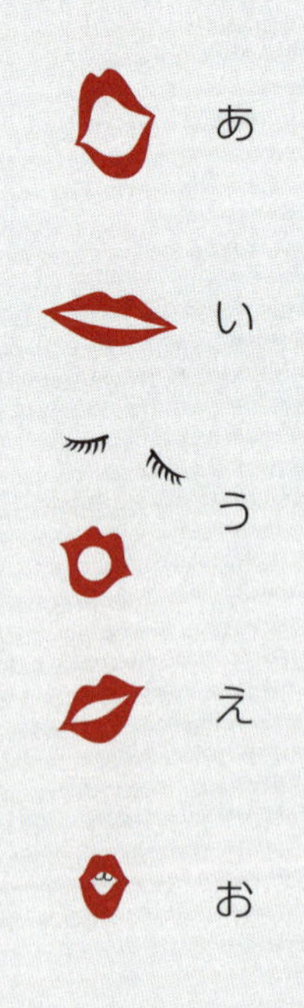

1　歯切れの良い話し方のために、口の体操をしよう！

下記の口の体操で発音をみっちり演習すれば、その効果が実感できます。時間がないときは、太字だけでも頑張りましょう。

- 練習のポイントは、一つひとつの音を発音するときに、すべて母音（ボイン）の「あ・い・う・え・お」と同じ口の形にして発音することが重要です。速く読み上げることではなく、一音ずつ確実にくっきりとです。

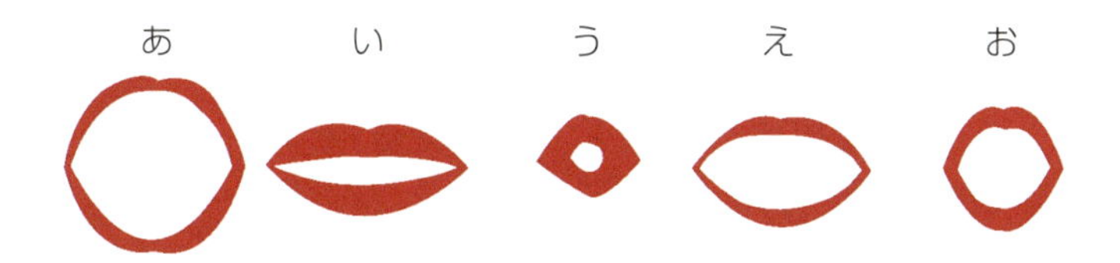

- 最後にサ行とラ行の練習問題を掲載しているのは「さしていただきます」「食べれる」など、間違った日本語の使い方の例でもおわかりのように、サ行とラ行の発音が苦手な方が多いためです。

発声練習　口の体操をしよう

五十音

アイウエオ・イウエオア・ウエオアイ・エオアイウ・オアイウエ・**アエイウエオアオ**
カキクケコ・キクケコカ・クケコカキ・ケコカキク・コカキクケ・**カケキクケコカコ**
サシスセソ・シスセソサ・スセソサシ・セソサシス・ソサシスセ・**サセシスセソサソ**
タチツテト・チツテトタ・ツテトタチ・テトタチツ・トタチツテ・**タテチツテトタト**
ナニヌネノ・ニヌネノナ・ヌネノナニ・ネノナニヌ・ノナニヌネ・**ナネニヌネノナノ**
ハヒフヘホ・ヒフヘホハ・フヘホハヒ・ヘホハヒフ・ホハヒフヘ・**ハヘヒフヘホハホ**
マミムメモ・ミムメモマ・ムメモマミ・メモマミム・モマミムメ・**マメミムメモマモ**
ヤイユエヨ・イユエヨヤ・ユエヨヤイ・エヨヤイユ・ヨヤイユエ・**ヤエイユエヨヤヨ**
ラリルレロ・リルレロラ・ルレロラリ・レロラリル・ロラリルレ・**ラレリルレロラロ**
ワヰウヱヲ・ヰウヱヲワ・ウヱヲワヰ・ヱヲワヰウ・ヲワヰウヱ・**ワヱヰウヱヲワヲ**

濁音（だくおん）

ガギグゲゴ・ギグゲゴガ・グゲゴガギ・ゲゴガギグ・ゴガギグゲ・**ガゲギグゲゴガゴ**
ザジズゼゾ・ジズゼゾザ・ズゼゾザジ・ゼゾザジズ・ゾザジズゼ・**ザゼジズゼゾザゾ**
ダヂヅデド・ヂヅデドダ・ヅデドダヂ・デドダヂヅ・ドダヂヅデ・**ダデヂヅデドダド**
バビブベボ・ビブベボバ・ブベボバビ・ベボバビブ・ボバビブベ・**バベビブベボバボ**

鼻濁音（びだくおん）

カ゚キ゚ク゚ケ゚コ゚・キ゚ク゚ケ゚コ゚カ゚・ク゚ケ゚コ゚カ゚キ゚・ケ゚コ゚カ゚キ゚ク゚・コ゚カ゚キ゚ク゚ケ゚・**カ゚ケ゚キ゚ク゚ケ゚コ゚カ゚コ゚**
キ゚ャキ゚キ゚ュケ゚キ゚ョ・キ゚キ゚ュケ゚キ゚ョキ゚ャ・キ゚ュケ゚キ゚ョキ゚ャキ゚・ケ゚キ゚ョキ゚ャキ゚キ゚ュ・キ゚ョキ゚ャキ゚キ゚ュケ゚・**キ゚ャケ゚キ゚キ゚ュケ゚キ゚ョキ゚ャキ゚ョ**

■半濁音（はんだくおん）

パピプペポ・ピプペポパ・プペポパピ・ペポパピプ・ポパピプペ・**パペピプペポパポ**

■拗音（ようおん）

キャ・キュ・キョ・キャケキキュケキョキャキョ
シャ・シュ・ショ・シャシェシシュシェショシャショ
チャ・チュ・チョ・チャチェチチュチェチョチャチョ
ニャ・ニュ・ニョ・ニャニェニニュニェニョニャニョ
ヒャ・ヒュ・ヒョ・ヒャヒェヒヒュヒェヒョヒャヒョ
ビャ・ビュ・ビョ・ビャビェビビュビェビョビャビョ
ピャ・ピュ・ピョ・ピャペピピュペピョピャピョ
ミャ・ミュ・ミョ・ミャメミミュメミョミャミョ
リャ・リュ・リョ・リャレリリュレリョリャリョ
＊時間がないときは、太字だけでも頑張ろう

■サ行とラ行

さらさりさるされさろ・しらしりしるしれしろ・すらすりするすれすろ
せらせりせるせれせろ・そらそりそるそれそろ
サシスセソをきれいに伝えられるようにスセソサシを練習させていただきます
ラリルレロを上手に伝えられるようにルレロラリを練習させていただきます

＊口の形を一語一語、その語にあわせてしっかり開き、
腹式呼吸で発声しよう。

2　鼻濁音・拗音（ようおん）・促音（そくおん）・長母音の違いを確認しよう

鼻濁音（びだくおん）

鼻濁音は、か゚・き゚・く゚・け゚・こ゚・き゚ゃ・き゚ゅ・き゚ょの8つです。

鼻濁音をマスターすると、音がまぁ〜るくなって、言葉そのものがやわらかくなり、美しい日本語が話せるようになります。

鼻濁音の発音は、息を鼻から抜きながら、「ん」を前につけて、「んーが」「んーぎ」と発音練習し、そのあとに「ん」をとるようにすると楽にできます。

鼻濁音で発音するものは、基本的に、

- 語中（ごちゅう）→言葉の中間部分に来た場合。
  「鏡（かか゚み）」「人魚（にんき゚ょ）」「科学（かか゚く）」など
- 助詞の「が」→　「僕か゚」「空か゚」「晴れているか゚風か゚冷たい」など
- 複合語（ふくごうご）→　中＋学校　→　ちゅうか゚っこうのように、「学校」の「が」は、もともとは濁音でも、頭に「中」の文字がついたことで、鼻濁音になる言葉など。「株式会社」も、株式＋会社の複合語ですから同じ（かぶしきか゚いしゃ）ですね。

※上記の赤字部分は、鼻濁音表示です。

拗音（ようおん）

「きゃ・きゅ・きょ」「しゃ・しゅ・しょ」などのように、小さな「ゃ」「ゅ」「ょ」が入る音です。

この拗音（ようおん）がはっきりと発音できませんと、「じゅく（塾）」が「じく（軸）」「しゅじゅつ（手術）」が「しじつ（史実）」、「じゅじゅつ（呪術）」が「じじつ（事実）」になってしまいますので注意が必要です。

促音（そくおん）

小さな「っ」が入る音です。

学校→がっこうの「っ」　卓球→たっきゅうの「っ」などです。

長母音

母音をのばした音です。母音が伸びていないと聞き違いの要因になります。

Example 一例

A君「こちらB君のお兄さんです」

C子さん「えっ、鬼さん？」

お兄さんは「おにーさん」ですが、長母音の「い」が伸びておりませんと、鬼さんに聞こえてしまいます。

Example 一例

A子さん「最近はどこのトイレも多機能トイレ（タキノートイレ）になって使いやすいわね」

C子さん「そうそう、あの滝のおトイレのお陰で助かるわ」

A子さん「いえいえ、あの滝の音が流れるトイレではなくて〜！」

この夏、水泳をマスターしたいので、毎日図書館に通いましたという人はいませんね。水泳をマスターするには、実際に水の中で手足を動かし、身体で覚えていくものです。ヴォイストレーニングも同じです。声と言葉は、実際に使うことで身についていきます。声と言葉を磨いて、自分表現を楽しんでください！

のざききいこプロフィール

全日空グランドホステスより、声優、ナレーターへと転職。

300社以上のＣＭ、番組ナレーション、アニメ、洋画の吹き替えなど、長年声の世界に携わり、転職を天職とする。

現在はナレーションの録音制作会社として、都心の高層ビルオフィスに自社スタジオを構え、皆さまお馴染み「おふろが沸きました」の音声ガイダンス、カーナビ他、大手企業200社以上との取引実績がある。

音声合成のパイオニア的存在として、ＮＨＫ「着信御礼！ケータイ大喜利」に声のゲストとして出演。

企業、学校、官公庁などへ、話し方、ヴォイストレーニング、ナレーション、朗読などの研修講演活動も展開中。株式会社サムスィング代表取締役。

また、ゼロから事業を立ち上げ、独自でキャリアを創りあげる。

いくつになっても　懲りないチャレンジ精神
いくつになっても　夢を忘れない浪漫
いくつになっても　感動する心を大切に

をモットーとしたその生き様は注目をあび、メディアからも時々取材を受ける。

著書に、『仕事上手・つきあい上手になるための「品のある声・ものの言い方」』（同文舘出版）がある。

のざききいこ　オフィシャルサイト　http://nozakikiiko.com
株式会社サムスィングウェブサイト　http://www.some-thing.co.jp

● 感想をお寄せください ●

本書をお読みいただきまして、ありがとうございました。
下記ＵＲＬより、ご意見・ご感想をお寄せください。
スマートフォン・タブレットからもお送りいただけます。

https://some-thing.co.jp/7tsu/kansou/

★研修・朗読会のお知らせをお送りします。
研修・朗読会のお知らせのみをご希望の場合も、上記ＵＲＬよりお申し込みいただけます。
★お寄せいただきましたメッセージは、ブログやＳＮＳ等で紹介させていただく場合がございます。予めご了承ください。

のざききいこ仕事実績

■講演・研修

・文京学院大学「面接のための好印象を与える話し方」
・秋草学園高等学校「自分らしく生きるために」「コミュニケーション能力を磨いて第一印象をイメージアップしよう」
・科学技術館「デモンストレーション」
・流通経済大学「実践経営学講座・事業創造論」
・淑徳大学オープンカレッジ講師
・文京区主催「調査員向け研修並びに講演」
・仙台市科学館
・仙台市こども宇宙館
・声優・ナレータークラス　Hyper Voice講師
・東京アマチュア・アーティスト・クラブ講師
・ロータリークラブ「自立創造的人生のすすめ」
・シニア大学基調講演「講師のための話し方」
・座間高校「高校生のマナー教室」
・たちかわ市民交流大学「自己表現のワークショップ」
・千葉市文化振興財団　千葉市女性センター　「社会参画に役立つ、人前で上手に話すコツ」
・シンセス株式会社　「ボイストレーニング講座」
・AIGスター生命保険（株）「ボイストレーニング」
・財団法人健康生きがい開発財団会「感じの良い声・話し方」　他多数

■ナレーションの録音制作

・法務省東京入国管理局　ボイスメール「外国人の入国・在留アンサー日本語版、英語版」・沖電気工業「交換機用ガイダンス　日本語版、英語版他多数」・本田技研工業・マツダ・トヨタ・パナソニック「ナビゲーションシステム」「自動車電話」「電話機用ガイダンス」・シャープ「ナビゲーションシステム」「電話機用ガイダンス」・ＮＴＴ・三菱自動車工業・パイオニア・テルモ「医療機器用ガイダンス　日本語、英語、中国語、伊語、韓国語、独語版」・エムケー電子「自動翻訳機　おしゃべり紀行　英語版、仏語版、独語版、伊語版、韓国語版、中国語版」・三菱電機・ＴＯＴＯ・セコム他各社のホームセキュリティー・総合警備保障・アンリツ・

田村電機・ケンウッド「電話機用ガイダンス　日本語版、英語版」・国土庁「帝都の大地震」・パイオニア・日本生命保険相互会社・太陽生命保険相互会社・東芝・日立・セイコー・オムロン「医療用ガイダンス」「車載用ガイダンス」・能美防災・東京ガス・大阪ガス・静岡ガス・東陶機器・ノーリツエレクトロニクス・ダイキン工業・タカラスタンダード・キヤノン・コナミ・タカラ 他

■番組

・NHK「着信御礼！ケータイ大喜利」・NHK「川と文学の旅」「中３道徳」・テレビ神奈川「中学生の生活」・テレビ朝日「気分はシャッフル」・テレビ東京「スターボーリング」・テレビ東京「土曜特番　アンネフランク」「日曜特番　宇宙の歴史」他

■CM・ナレーション

朝日新聞・読売新聞・小学館・全日空・JAL・TDK・YKK・NTT・レナウン・講談社・日本ユニシス・KKベストセラーズ・味の素・アートコーヒー・サンヨー・いすゞ・カルピス・伊勢丹・日本通運・出光・花王・西武・明治製菓・大正製薬・ロッテリア・大和証券・住友・西友・NEC・資生堂・高島屋・ポーラ・ウエラ・学研・東急・日立・三越・鴻池組・沖電気工業・大成建設・ヒロタ・共同石油・日新製糖・不二家・オペラ化粧品・ダイエー・バンダイ・日本生クロレラ・ビクター・殖産住宅・後楽園・第一パン・東海汽船・ネスレ・丸八真綿・建設省四国地方建設局・ワコール・東洋ガラス・フジタ工業・横浜市役所・社団法人浦和青年会議所・フランスベッド・サンウェーブ・八王子市役所・岐阜県立博物館・山形県企業局・京浜急行電鉄・太洋シーフーズ・長谷川工務店・WOWOW　他多数

■アニメ・アテレコ

・ドンチャック物語・グロイザーX・アメリカンガールズ・ピンクレディー物語・猿飛佐助・日本昔話・スーキャット物語・報道特集　他洋画、アニメ番組多数出演

（順不同、出演・担当当時の社名・略称を記載していますので、現在の名称と異なる場合があります）

カバーデザイン：髙野顕史

こえ　ことば　おし
声と言葉のプロが教える
つた　はな　かた
伝わる話し方

発行日　2018年　1月 30日　　第1版第1刷

著　者　のざき　きいこ

発行者　斉藤　和邦
発行所　株式会社　秀和システム
〒104-0045
東京都中央区築地2丁目1−17　陽光築地ビル4階
Tel 03-6264-3105（販売）　Fax 03-6264-3094
印刷所　図書印刷株式会社

ISBN978-4-7980-5315-8 C2034